教育部西南基础教育课程研究中心组织编写

中职学生法治教育

上

周安平 主编

西南大学出版社
国家一级出版社 全国百佳图书出版单位

图书在版编目（CIP）数据

中职学生法治教育.上/周安平主编.—重庆：西南大学出版社，2023.11
ISBN 978-7-5697-2083-9

Ⅰ.①中… Ⅱ.①周… Ⅲ.①社会主义法制—法制教育—中等专业学校—教材 Ⅳ.① G634.261

中国国家版本馆 CIP 数据核字（2023）第 223965 号

主　编	周安平
副主编	何永红　罗明东
编写者	王成武　付小容　李　俊　邱　净 何永红　应　娟　张雨岚　罗明东 周　健　周安平　周尚全　贾　纬 黄永秀　黄国泽　梁　科　谭小军

中职学生法治教育（上）
ZHONGZHI XUESHENG FAZHI JIAOYU（SHANG）

周安平　主编

责任编辑	路兰香
责任校对	周明琼
排　　版	张　祥
出版发行	西南大学出版社 地址：重庆市北碚区天生路2号 邮编：400715 电话：023-68868624
印　　刷	重庆市涪陵区夏氏印务有限公司
幅面尺寸	185 mm × 260 mm
印　　张	8.5
字　　数	204千字
版　　次	2024年1月第1版
印　　次	2024年1月第1次印刷
书　　号	ISBN 978-7-5697-2083-9
定　　价	29.80元

致同学们

同学们：

国无常强，无常弱。奉法者强则国强，奉法者弱则国弱。习近平总书记强调要"提高全民族的法治素养"。我们正处在中华复兴、强国富民的伟大时代，全面推进依法治国是我们的治国方略。法律的权威源自我们的内心拥护和真诚信仰。只有不断推进法治教育，切实提高全民族法治素养，才能使人们从内心尊崇、敬畏和信仰法律，才能推动实现社会主义法治国家。

职业教育是我国教育体系中的一个重要组成部分。中职学生正值青春年少，处于身心逐渐成熟的关键时期。在中职学生中广泛开展法治教育，有助于增强同学们的法治意识和提高运用法律保护自身合法权益的能力。

"中职学生法治教育"丛书是精心为中等职业学校学生打造的法治教育读物，分为上下两册。上册以个人、家庭、学校、社会为主线，介绍了中职学生应了解和掌握的与日常生活密切相关的最基本的法律知识；下册重点介绍了中职学生走向职场所要用到的法律知识。本教材为你们呈现丰富的内容："点击案例"通过介绍实际发生的案例，引出该课的主题并激发同学们的学习兴趣；"知识导航"介绍主要知识点；"法条在线"带同学们领略法律规范的原貌；"案例分析"引导同学们利用所学知识，对案例进行解读，加深对法律知识的理解；"探究平台""校场练兵"通过鲜活的案例进一步提升同学们运用所学法律知识解决实际问题的能力；"学习感悟"引导同学们对所学知识进行总结；"法官提醒""法治广角"拓展同学们法律知识的广度和深度。另外，还为同学们准备了丰富的数字资源。

同学们，"中职学生法治教育"丛书的每一课都图文并茂、深入浅出，集知识性、趣味性、实践性和时代性于一体，它们将带领你们在浩瀚的法律知识宝库中尽情徜徉，轻松快乐地提升自己的法治意识和法律实践能力。

丛书编写委员会

中职学生法治教育编写委员会

顾　问
窦瑞华　重庆市职业教育学会首席专家

主　任
宋乃庆　教育部西南基础教育课程研究中心主任
周安平　教育部西南基础教育课程研究中心副主任

副主任
张　荣　重庆市职业教育学会会长
李光旭　重庆市职业教育学会原常务副会长兼秘书长
朱德全　西南大学教育学部部长
周尚君　西南政法大学科研处处长
胡　彦　重庆市教育科学研究院职成教研究所所长

编　委（排名不分先后）

孙　鹏　西南政法大学
林克松　西南大学
张凌霄　北京市京师律师事务所
胡政武　重庆师范大学
姜伯成　重庆市教育科学研究院
姚刚应　重庆市第一中级人民法院
张广义　重庆市创新教育学会
张扬群　重庆市渝北职业教育中心
刘友林　重庆市工商学校
罗统碧　重庆市北碚职业教育中心
钟代文　重庆市龙门浩职业中学校
白红霞　重庆市黔江区民族职业教育中心
王文森　重庆市垫江县职业教育中心
刘文生　重庆市武隆区职业教育中心
刘　红　重庆市云阳职业教育中心
赵学斌　彭水苗族土家族自治县职业教育中心
欧利民　重庆市铜梁职业教育中心
彭华友　重庆市秀山土家族苗族自治县职业教育中心
黄图伦　重庆市梁平职业教育中心

李　波　四川仪表工业学校
曹礼静　重庆市荣昌区职教中心
蹇智睿　四川省东坡中等职业技术学校
车海燕　成都石室锦城外国语学校
安裕达　贵州省贵阳市城乡建设学校
黎　雷　贵州省贵阳市城乡建设学校
刘名巍　贵州省黎平县中等职业学校
马　伟　贵州省遵义县职教中心
王楠皆　福建省永定侨荣职业中专学校
兰业腾　厦门市翔安职业技术学校
谷世宏　河北省科技工程学校

目录 CONTENTS

第一单元 学习权利要保障

第一课 行行出状元 …………………………………………… 3
第二课 学习的权利 …………………………………………… 16

第二单元 平安校园我维护

第三课 校园欺凌要严禁 ……………………………………… 29
第四课 "校园贷"须远离 …………………………………… 41

第三单元 公共生活守规则

第五课 网络冲浪有法规 ……………………………………… 55
第六课 公共安全警钟长鸣 …………………………………… 66

第四单元 违法犯罪要远离

第七课 盗抢帮信不可为 ……………………………………… 81
第八课 黄赌毒是禁区 ………………………………………… 93

第五单元 婚姻家庭求幸福

第九课 享受甜美爱情与保护自身权利 ……………………… 107
第十课 家庭是温暖的港湾 …………………………………… 119

本书配有丰富的教学资源(PPT、教案……)

扫描上方二维码获取!

联系电话:023-68254934　路老师　周老师

第一单元

学习权利要保障

习语金句

★ 青春孕育无限希望,青年创造美好明天。一个民族只有寄望青春、永葆青春,才能兴旺发达。

——2022年5月10日习近平在庆祝中国共产主义青年团成立100周年大会上的讲话

第一课　行行出状元

点击案例

案例　小龙原是定西市农村的一名初中学生，因成绩不理想且家境贫困，毕业后便选择在家务农。原班主任得知情况以后，与小龙父母商议，推荐小龙就读某中等职业学校，小龙本人及其父母对中职、高职、成人自学考试等一无所知。最后，小龙父母抱着试一试的心态让小龙就读了中等职业学校。小龙动手能力较强，而且对电焊非常感兴趣。在学校里，小龙非常勤奋地学习焊接技术，还经常参加各类技能比赛，并获得了很多荣誉。

三年后，小龙以优异的成绩顺利毕业，被北车玉门分公司招聘为焊接技师，开始了自己的焊接职业生涯。入职短短数月，小龙便凭借过硬的技能担任了焊接小组组长。在工作岗位上，他尽心尽力，精益求精，不断总结经验教训，技术水平得到了不断提高。后来，通过同事引荐，小龙进入北车塔筒场总部从事焊接工作。

几年后，小龙回乡创业，在家乡定西市安定区用个人积蓄开了一个铝合金门窗综合经营部，生意非常红火，年收入几十万元，最终实现了自己的创业和致富梦想。

1. 小龙初中毕业后是否有继续接受职业教育的权利？为什么？
2. 你认为小龙从一名中职学生走向成功的秘诀是什么？

知识导航

一、职业教育的内涵

职业教育是指为了培养高素质技术技能人才,使受教育者具备从事某种职业或者实现职业发展所需要的职业道德、科学文化与专业知识、技术技能等职业综合素质和行动能力而实施的教育,包括职业学校教育和职业培训。

三百六十行,行行出状元。职业教育侧重培养受教育者的实践技能和实际工作能力,把个人的就业需求与工作岗位的客观需求联系起来。个人积极接受职业教育,拥有一定的技术,在岗位上精进、钻研,就可能成为本行业的状元!

二、职业教育的意义

职业教育与普通教育是两种不同的教育类型,具有同等重要的地位。职业教育发展得好,就能够为受教育者提供多样化的成长成才路径,最大程度地发掘个人潜能,人尽其才,才尽其用。

改革开放以来,职业教育为我国经济社会发展提供了有力的人才和智力支撑,服务经济社会发展能力和社会吸引力不断增强,现代职业教育体系框架全面建成。随着我国进入新的发展阶段,产业升级和经济结构调整不断加快,各行各业对技术技能人才的需求越来越紧迫,职业教育的重要地位和作用越来越凸显。职业教育肩负着传承技术技能、培养多样化人才的职能,对接市场需求、更大规模开展职业教育和培训,可以帮助学生掌握一技之长并实现更高质量、更充分的就业创业。

因此,当前我国职业教育发展要从注重数量向注重质量的方向转变,从政府主办为主向政府统筹、社会多元办学的格局转变,从参照普通教育的模式向产教融合、办学特色更加鲜明的类型教育方向转变。职业教育是深化教育改革的重要突破口,没有职业教育现代化就没有教育现代化。

三、职业教育体系

中共中央办公厅 国务院办公厅印发的《关于推动现代职业教育高质量发展的意见》提出，到2025年，职业教育类型特色更加鲜明，现代职业教育体系基本建成，技能型社会建设全面推进。办学格局更加优化，办学条件大幅改善，职业本科教育招生规模不低于高等职业教育招生规模的10%，职业教育吸引力和培养质量显著提高。到2035年，职业教育整体水平进入世界前列，技能型社会基本建成。技术技能人才社会地位大幅提升，职业教育供给与经济社会发展需求高度匹配，在全面建设社会主义现代化国家中的作用显著增强。《中国教育现代化2035》要求，通过健全职业教育人才培养质量标准，推进中等职业教育和普通高中教育协调发展，强化职业学院和高等学院的继续教育与社会培训服务功能，到2035年职业教育服务能力显著提升。

职业学校教育分为中等职业学校教育、高等职业学校教育。中等职业学校教育由高级中等教育层次的中等职业学校（含技工学校）实施。高等职业学校教育由专科、本科及以上教育层次的高等职业学校和普通高等学校实施。根据高等职业学校设置制度的规定，将符合条件的技师学院纳入高等职业学校序列。其他学校、教育机构或者符合条件的企业、行业组织按照教育行政部门的统筹规划，可以实施相应层次的职业学校教育或者提供纳入人才培养方案的学分课程。

分类	阶段	类别	实施主体
职业学校教育	中等	中等职业学校教育	中等职业学校（含技工学校）
	高等	高等职业学校教育	高等职业学校和普通高等学校
职业培训	初级 中级 高级	就业前培训	职业培训机构、职业学校、其他学校或者教育机构以及企业、社会组织
		在职培训	
		再就业培训	
		其他职业性培训	

我国职业教育体系

其他	一	职业教育课程	普通中小学、普通高等学校
		职业教育活动	

四、职业教育的实施

2019年1月,国务院印发《国家职业教育改革实施方案》(共计20条,故又称"职教二十条"),力图大幅提升新时代职业教育现代化水平,为促进经济社会发展和提高国家竞争力提供优质人才资源支撑。"职教二十条"要求促进产教融合校企"双元"育人：

1.坚持知行合一、工学结合。借鉴"双元制"等模式,总结现代学徒制和企业新型学徒制试点经验,校企共同研究制订人才培养方案,及时将新技术、新工艺、新规范纳入教学标准和教学内容,强化学生实习实训。适应"互联网+职业教育"发展需求,运用现代信息技术改进教学方式方法,推进虚拟工厂等网络学习空间建设和普遍应用。

2.推动校企全面加强深度合作。学校积极为企业提供所需的课程、师资等资源,企业应当依法履行实施职业教育的义务,利用好资本、技术、知识、设施、设备和管理等要素参与校企合作,促进人力资源开发。

3.打造一批高水平实训基地。各级政府、企业和职业院校建设一批资源共享,集实践教学、社会培训、企业真实生产和社会技术服务于一体的高水平职业教育实训基地。

五、国家对职业教育的经费保障

国家优化教育经费支出结构，使职业教育经费投入与职业教育发展需求相适应，鼓励通过多种渠道依法筹集发展职业教育的资金。

各级人民政府应当按照事权和支出责任相适应的原则，根据职业教育办学规模、培养成本和办学质量等落实职业教育经费，并加强预算绩效管理，提高资金使用效益。

省、自治区、直辖市人民政府应当制定本地区职业学校生均经费标准或者公用经费标准。职业学校举办者应当按照生均经费标准或者公用经费标准按时、足额拨付经费，不断改善办学条件。不得以学费、社会服务收入冲抵生均拨款。

民办职业学校举办者应当参照同层次职业学校生均经费标准，通过多种渠道筹措经费。

财政专项安排、社会捐赠指定用于职业教育的经费，任何组织和个人不得挪用、克扣。

对经济困难学生和残疾学生应当酌情减免学费。

设立职业教育奖学金、助学金，奖励优秀学生，资助经济困难学生。

进一步扩大职业院校助学金覆盖面，完善补助标准动态调整机制，落实对"脱贫家庭学生"（原建档立卡家庭学生）、"脱贫不稳定家庭学生"或者"最低生活保障家庭学生"等家庭经济困难学生的倾斜政策。健全职业教育奖学金制度。

法条在线

《中华人民共和国职业教育法》第五十条

国家鼓励企业、事业单位安排实习岗位,接纳职业学校和职业培训机构的学生实习。接纳实习的单位应当保障学生在实习期间按照规定享受休息休假、获得劳动安全卫生保护、参加相关保险、接受职业技能指导等权利;对上岗实习的,应当签订实习协议,给予适当的劳动报酬。

职业学校和职业培训机构应当加强对实习实训学生的指导,加强安全生产教育,协商实习单位安排与学生所学专业相匹配的岗位,明确实习实训内容和标准,不得安排学生从事与所学专业无关的实习实训,不得违反相关规定通过人力资源服务机构、劳务派遣单位,或者通过非法从事人力资源服务、劳务派遣业务的单位或个人组织、安排、管理学生实习实训。

《中华人民共和国职业教育法》第五十一条

接受职业学校教育,达到相应学业要求,经学校考核合格的,取得相应的学业证书;接受职业培训,经职业培训机构或者职业学校考核合格的,取得相应的培训证书;经符合国家规定的专门机构考核合格的,取得相应的职业资格证书或者职业技能等级证书。

学业证书、培训证书、职业资格证书和职业技能等级证书,按照国家有关规定,作为受教育者从业的凭证。

接受职业培训取得的职业技能等级证书、培训证书等学习成果,经职业学校认定,可以转化为相应的学历教育学分;达到相应职业学校学业要求的,可以取得相应的学业证书。

接受高等职业学校教育,学业水平达到国家规定的学位标准的,可以依法申请相应学位。

案例分析

一、请同学们结合所学内容分析下列问题

> 前述案例中小龙对学业和职业的选择给你带来什么启示？

> 如果小龙家境贫困到不足以支付小龙的职业教育费用,请问有什么方法可以解决他的这个问题？

二、法官解析

（一）要树立正确的职业观

人类文明发展至今,社会分工已极度细化,作为社会成员,每一位公民都有参加劳动的权利和义务,通过参与劳动,为他人的生产生活提供服务,也换取个人和家庭所需的物质、精神财富,实现个人价值。因此,参加工作或社会劳动,是我们每一位具备劳动能力的公民应尽的社会责任。

我们应当正确面对即将从事的工作,树立正确的职业观。

从国家和社会层面来看,社会既需要普通教育培养的人才,也需要职业教育培养的人才,两种教育相互协调,共同为国家培养建设性人才。

从个人层面来看,学习和受教育既是我们认识世界、认识自己的过程,也是为职业发展储备知识和技能的过程。不论是接受普通教育还是接受职业教育,个人都可以成长为栋梁之材,都能够实现自身发展。

成才道路千万条,职业教育只是其中重要的一种选择。

我国正处在改革发展的关键阶段,经济发展方式快速转变,人才需求结构发生变化,就业市场对拥有精湛技能的专业技术工人的需求非常旺盛,因此,职业教育院校毕业生拥有广阔的就业前景。案例中小龙的成功就是典范。

(二)经济困难学生接受教育有保障

教育关系着中华民族的伟大复兴。国家有义务发展教育事业,为包括职业教育在内的教育事业提供经费支撑。目前我国职业教育经费以政府提供为主,且鼓励通过多种渠道依法筹措。职业学校可以向接受教育的学生适当收取学费,但对于经济困难学生和残疾学生,应当酌情减免。

国家鼓励有关机构或个人设立职业教育奖学金、贷学金,奖励学习成绩优秀的学生或者资助经济困难的学生。国家鼓励机构或个人对职业教育捐资助学。因此,前述案例中,小龙可以向学校提供贫困证明,向学校申请减免相关费用,并通过勤工俭学、争取资助或申请奖学金等方式解决教育经费问题。

探究平台

小梦从小爱好唱歌、跳舞,2004年初中毕业后她选择就读某职业学校学前教育专业。在学校里她认真学好自己的专业知识,因家庭经济条件不

好,她长期在学校勤工俭学,学校也给了她大量帮助。毕业后刚走上工作岗位的她,从一名幼儿园保育员做起,在各种活动中充分展现自己的能力,凭着一份责任心和扎实的基本功很快就赢得了园长和家长们的一致好评,用一件件"小事"感动着每一位家长。2010年,她开了自己的第一家小型幼儿园,由于注重对园中所有幼儿教师进行培训,幼儿园办学成果显著。此后十年,她又陆续开了5家幼儿园,事业蒸蒸日上。事业有成后,小梦每年都会回到母校帮助那些有需要的学弟学妹。

1.请同学们结合所学知识,分析促成小梦成功的因素。

2.如果你也即将走上工作岗位,你将怎样对待你的工作?

从上述案例来看,小梦的成功应归功于:政府、学校以及其他人士在经济上给予的大力帮助;她通过努力学习,为自己夯实了专业技能;她在工作岗位上全心全意付出,做事有持之以恒的态度和强烈的责任心;她在工作中积累了丰富的工作经验;她有善于发现商机的智慧。

职业教育是我国教育体系的重要组成部分,在为国家培养高素质职业技术型人才方面具有不可替代的作用。从发达国家的经验来看,职业教育是推动社会经济发展不可或缺的重要力量,如德国职业教育被称为德国经济发展的秘密武器。我国是一个制造业大国,并且正在从中国制造向中国创造转变,高级技术人员的缺口高达千万人,高级技术人员缺乏成为制约我国制造业创新发展的重要因素之一。

作为一名职业学校的学生,应当明确职业定位和发展方向,着力提升自身的专业技术实力。在学习过程中,应当专注于专业知识的积累和实践能力的培养,

打磨好自身专业技能,练就过硬本领,为走上工作岗位奠定坚实的基础;在择业过程中,应选择操作性、技术性较强的职位,不过分在意刚入职时的待遇,而应重视工作单位所能提供的培训、学习、锻炼的机会、平台以及个人发展的前景和空间;在工作岗位上,要不断锤炼技术和能力,成为工作单位的技术骨干。

此外,无论在哪一个岗位,我们都应当树立正确的人生观、事业观,不能唯岗位、唯工种、唯工资论,要努力钻研技术,勇于开拓创新,与单位乃至国家的发展同呼吸、共命运,在工作中实现自己的人生价值。

校场练兵

1. 梁某刚从某中等职业学校酒店管理专业毕业,将到某著名五星级酒店去应聘。

如果你是梁某,你会从哪些方面推介自己?_____

如果你是酒店管理人员,你会从哪些方面测评梁某?_____

2.中央电视台纪录片《大国工匠》自播出以来,受到了社会各界的广泛好评,"大国工匠"们靠着传承与钻研,数十年如一日追求着职业技能的极致,在平凡的工作岗位上不断创造着奇迹。请同学们分组分别扮演"大国工匠"以及工匠的学徒,谈谈怎样做好职业技能的教与学。

作为优秀的工匠,应该_____

作为优秀的学徒,应该_____

法官提醒

1.业精于勤,荒于嬉。勤劳是走向成功的途径,更是我们生活、工作之根本。没有哪一家企业会欣赏懒惰的人。

2.行成于思,毁于随。创新源于对问题的思考。不平凡的成绩来自平凡工作中的踏实拼搏,切勿在工作岗位上心浮气躁。只有不断地思考钻研、精益求精,甚至"十年磨一剑",才可能在工作中有突破和创新,才可能成为行业的状元。

学习感悟

1.通过学习基础知识,我了解了＿＿＿＿＿＿＿＿＿＿＿＿＿＿＿＿＿＿

2.通过学习本课的案例,我学会了＿＿＿＿＿＿＿＿,提高了＿＿＿＿＿＿

3.通过"校场练兵"和"法官提醒",我需要注意＿＿＿＿＿＿＿＿＿＿＿

法治广角

成长有支撑　创新有舞台　奋斗有回报

王晓光

技术工人队伍是支持中国制造、中国创造的重要力量。党的十八大以来,以习近平同志为核心的党中央高度重视技能人才队伍建设,激励更多劳动者特别是青年人走技能成才、技能报国之路,广大青年实现梦想的人生路越走越宽。

未来五年是全面建设社会主义现代化国家开局起步的关键时期,呼唤着更多技能青年为推动高质量发展、实施制造强国战略、全面建设社会主义现代化国家贡献智慧和力量。中共中央办公厅 国务院办公厅印发的《关于加强新时代高技能人才队伍建设的意见》提出,到"十四五"时期末,"技能人才占就业人员的比例达到30%以上""高技能人才占技能人才的比例达到1/3"。要实现这样的目标,关键是拿出真招、实招、硬招,让广大技能青年成长有支撑、创新有舞台、奋斗有回报,努力成为知识型、技能型、创新型劳动者。

学校、企业、政府三方联动,让广大技能青年成长有支撑。"十四五"时期,要加快完善现代职业教育制度,创新各层次各类型职业教育模式,为广大技能青年成长成才完善"培养链"、畅通"快车道"。职业院校要抓好源头培育,深化产教融合、校企合作,结合青年技能人才专业特长、岗位职责分配导师,量身定制培养计划、职业生涯规划,根据企业发展需要,探索"订单式"人才培养、"套餐制"培训模式,引导广大技能青年适应当今世界科技革命和产业变革的需要,勤学苦练、深入钻研、勇于创新、敢为人先,不断提高技术技能水平。企业要发挥好育才主体作用,切实把高技能人才培养工作纳入企业年度计划和发展规划，依托企业培训中心、产教融合实训基地、技能大师工作室、劳模和工匠人才创新工作室等载体和平台，通过名师带徒、技能研修、岗位练兵、技术交流等形式，加快形成"只要干得出彩，人生就会精彩"的用人价值导向，在青年中形成"技能成才、岗位建功"的良好氛围，把"知"与"行""学"与"用"紧密结合起来。政府相关部门要为广大技能青年交流学习、风采展示、成长成才搭建更多更好的平台，健全终身职业技能培训制度，推动形成人人学技能、有技能、长技能、比技能的技能型社会。

聚焦国家重大战略、重大工程、重大项目、重点产业，广泛深入持久开展劳动和技能竞赛，让广大技能青年创新有舞台。一方面，完善职业技能竞赛体系，定期举办各级各类职业技能大赛，通过技术大比武、职业技能大赛，以赛促培、以赛提质，激发青年技能人才比拼赶超的意识，展示锐意创新的勇气、敢为人先的锐气、蓬勃向上的朝气，让广大技能青年有机会大施拳脚、大展身手、"破圈出道"，把职业技能大赛打造成让更多优秀人才脱颖而出的精彩舞台。另一方面，围绕全面建设社会主义现代化国家的重大战略、重大工程、重大项目、重点产业培养技能人才。比如，围绕数字中国和乡村振兴战略，实施乡村工匠培育计划和全民数字素养与技能提升行动，吸引更多有志青年走技能成才、技能报国之路，使他们的创新才智充分涌动，为增强国家核心竞争力和科技创新能力注入更多青春智慧。

探索适应青年技能人才成长规律的评价体系，让广大技能青年奋斗有回报。厚植工匠文化，营造劳动光荣的社会风尚和精益求精的敬业风气，举办"青年工匠"等评选活动，畅通青年技能人才参评"青年五四奖章"等荣誉的通道，让青年技能人才崭露头角，提高职业认同感，让技能成才之路真正成为有奔头、受尊重、可持续的职业选择。探索适应青年技能人才成长规律的评价体系，完善和落实技术工人培养、使用、评价、考核机制，畅通技能人才职业发展通道，完善技能人才激励政策，激发青年人才创新创造活力。广大教师乃至全社会要做技能青年成长成才的知心人、热心人、引路人，帮助解决技能青年在就业、住房、养老等方面的急难愁盼问题，引导他们争做听党话跟党走的排头兵、建新功立伟业的主力军、本领高能力强的奋斗者、讲团结促和谐的带头人。

——《光明日报》，2022年11月28日

第二课 学习的权利

点击案例

案例 1 学生田某，上学期间在电磁学课程补考过程中因作弊被发现，学校按照考前发布的《关于严格考试管理的紧急通知》的规定，对其作出退学处理。学校填发了学籍变动通知，但未直接向田某宣布、送达退学处理决定和变更学籍的通知，也未给田某办理退学手续，田某继续以该校学生的身份正常参加学习及学校组织的活动。一年多后，田某即将毕业，该校有关部门以田某已经被退学为由，拒绝为其颁发毕业证，田某遂将学校起诉至法院。

案例 2 2020年6月，袁某经厦门市某集装箱储运公司培训10天，通过相关考试，获得实习机会。因袁某此前不会驾驶牵引车，因此公司与袁某约定，在袁某学会驾驶后再签订劳动合同，若因袁某的原因造成双方未签订合同或者袁某在合同期满前离职，袁某将赔偿实习期间的车辆油料及损耗费3000元。后袁某与公司签订了劳动合同，期限至2022年。但2020年12月，袁某提出离职，公司则以袁某违反合同为由，要求袁某按照约定赔偿实习期间的车辆油料及损耗费3000元。

> 公司给你提供了培训，你要承担违约金。

> 对不起，我不赔偿。因为公司提供的是职业培训，不是专业技术培训。

1. 案例1中学校对田某的处理决定是否合法？
2. 案例2中公司的主张是否合理？为什么？

知识导航

一、学习权的概念

学习权是人生来应有的权利,主要包括两方面的内容:学习自由权和学习条件保障权。学习自由权是指个人不受外界干扰,可以自由地选择适合自己的方式学习,以发展和完善自己。学习条件保障权是指国家和有关社会组织有义务为人的学习创造必要条件。

学习权与受教育权有着密切的联系。受教育权是学习条件保障权的核心内容。国家和有关社会组织有责任为受教育者接受教育提供一定的必要条件。

二、学习自由权

学习自由权首先表现为受教育的权利。《中华人民共和国宪法》第四十六条第一款、《中华人民共和国教育法》第九条第一款均规定:"中华人民共和国公民有受教育的权利和义务。"国家实行学前教育、初等教育、中等教育、高等教育的学校教育制度,实行职业教育制度和继续教育制度。

《中华人民共和国职业教育法》第五条规定:"公民有依法接受职业教育的权利。"

《中华人民共和国职业教育法》第三条规定:"职业教育是与普通教育具有同等重要地位的教育类型,是国民教育体系和人力资源开发的重要组成部分,是培养多样化人才、传承技术技能、促进就业创业的重要途径。国家大力发展职业教育,推进职业教育改革,提高职业教育质量,增强职业教育适应性,建立健全适应社会主义市场经济和社会发展需要、符合技术技能人才成长规律的职业教育制度体系,为全面建设社会主义现代化国家提供有力人才和技能支撑。"

国家通过各种途径,采取各种措施,保障公民的受教育权。受教育既是公民的基本权利,也是公民的基本义务。

除受教育的权利之外,学习自由权还表现为一种主动学习的权利。它强调以学习者为本位,保障学习者积极地参与教育、学习过程,尊重学习者的需求和差异性,强调全民学习、终身学习和个性化学习。

保障公民学习自由权,要求在做好学历教育的同时,大力发展非学历教育;在做好学校教育的同时,大力发展社会教育。

社会教育指与学校教育、家庭教育并行的影响个人身心发展的社会教育活动。

社会教育既可以由学校实施,也可以由其他社会机构实施。由学校实施的社会教育是指由学校负责举办的函授、各种职业培训、学科报告和讲座等。由其他社会机构实施的社会教育是指少年宫、少年之家、儿童公园、儿童影院、儿童阅览室、儿童图书馆等青少年教育机构,各种文化培训机构,老年学校以及社会媒体组织的教育活动。

三、学习条件保障权

《中华人民共和国宪法》和《中华人民共和国教育法》明确规定国家保障公民的受教育权,但未直接将"学习条件保障权"作为法定权利进行规定。尽管如此,《中华人民共和国宪法》中关于公民基本文化权利的规定还是涵盖了学习条件保障权的内容,其第十九条规定:"国家发展社会主义的教育事业,提高全国人民的科学文化水平。国家举办各种学校,普及初等义务教育,发展中等教育、职业教育和高等教育,并且发展学前教育。国家发展各种教育设施,扫除文盲,对工人、农民、国家工作人员和其他劳动者进行政治、文化、科学、技术、业务的教育,鼓励自学成才。国家鼓励集体经济组织、国家企业事业组织和其他社会力量依照法律规定举办各种教育事业……"促进全民享有终身学习的机会,成为当今世界教育发展的新目标。

中共中央 国务院印发的《中国教育现代化2035》指出，推进教育现代化的总体目标是：到2020年，全面实现"十三五"发展目标，教育总体实力和国际影响力显著增强，劳动年龄人口平均受教育年限明显增加，教育现代化取得重要进展，为全面建成小康社会作出重要贡献。在此基础上，再经过十五年努力，到2035年，总体实现教育现代化，迈入教育强国行列，推动我国成为学习大国、人力资源强国和人才强国，为到本世纪中叶建成富强民主文明和谐美丽的社会主义现代化国家奠定坚实基础。

《中国教育现代化2035》提出进一步增加终身学习的机会，到2035年建成服务全民终身学习的现代教育体系、普及有质量的学前教育、实现优质均衡的义务教育、全面普及高中阶段教育、职业教育服务能力显著提升、高等教育竞争力明显提升、残疾儿童少年享有适合的教育、形成全社会共同参与的教育治理新格局。

四、学习权的内容

学习权既包括个人主动学习的权利，也包括个人经由其他人协助而获得知识的权利。联合国教科文组织第四次国际成人教育会议宣言认为学习权应当包括：阅读和书写的权利；提出问题和思考问题的权利；想象和创造的权利；了解人的环境和编写历史的权利；获取教育资源的权利；发展个人和集体技能的权利。

法条在线

《中华人民共和国宪法》第四十六条

中华人民共和国公民有受教育的权利和义务。

国家培养青年、少年、儿童在品德、智力、体质等方面全面发展。

《中华人民共和国职业教育法》第五条

公民有依法接受职业教育的权利。

《中华人民共和国职业教育法》第六条

职业教育实行政府统筹、分级管理、地方为主、行业指导、校企合作、社会参与。

《中华人民共和国职业教育法》第九条

国家鼓励发展多种层次和形式的职业教育，推进多元办学，支持社会力量广泛、平等参与职业教育。

国家发挥企业的重要办学主体作用，推动企业深度参与职业教育，鼓励企业举办高质量职业教育。

有关行业主管部门、工会和中华职业教育社等群团组织、行业组织、企业、事业单位等应当依法履行实施职业教育的义务，参与、支持或者开展职业教育。

案例分析

一、请同学们结合所学内容分析下列问题

> 案例1中学校是否有权勒令田某退学？

> 案例2中公司给袁某提供的是什么性质的培训？

二、法官解析

学生在学校接受教育,国家、学校、教师等均有义务为学生提供必要的、高质量的教育资源,以保障学生的受教育权。但是,接受教育同样是学生应尽的基本义务,学生在校期间必须履行遵守法律法规,遵守学校规章制度,恪守学术道德,完成规定学业等义务。

我国法律法规保障学生在校享有的权利和应尽的义务,同时各学校有权依法建立和完善本校学生管理制度,保障学生的正常学习和活动。学生违反法律法规和学校纪律,学校应该予以批评教育,并且可以视情节轻重给予警告、严重警告、记过、留校察看、开除学籍等纪律处分。

学校对学生作出处分,应当出具处分决定书,决定书应按规定载明相关必要内容。学校对学生作出处分,应当证据充分、依据明确、定性准确、程序正当、处分适当。

在对学生作出处分或者其他不利决定之前,学校应当告知学生作出决定的事实、理由及依据,并告知学生其享有陈述和申辩的权利,听取学生的陈述和申辩。

处理、处分决定以及处分告知书等,应当直接送达学生本人,有特殊情况的,可以采取留置、邮寄或公告方式送达。

由此可见,学校有权对学生进行处分,但处分应程序正当。在案例1中,田某的作弊行为违反了相关法律法规及学校管理规定,学校有权勒令其退学,但学校退学处分的作出和执行,均未履行必要的程序。因此,学校作出的退学处理决定被法院认定为违法,该决定无效。

案例2中的争议焦点在于，公司可否基于其为袁某提供短期培训主张服务年限和违约金。《中华人民共和国劳动合同法》第二十二条规定，用人单位对劳动者进行专业技术培训的，可与劳动者约定服务期，劳动者违反服务期约定的，应当向用人单位支付违约金。但是，应将该法规定的专业技术培训与《中华人民共和国劳动法》规定的职业培训相区分。依据劳动法的规定，用人单位有责任为职工提供必要的职业培训，以提高劳动者的劳动技能或使劳动者能更好地胜任本职工作，用人单位不能为此与劳动者约定违约金。案例中，某公司给予袁某的实习机会实际上兼有岗前培训和试用期的性质，给予袁某的培训在性质上应属于职业培训而非专业技术培训。另外，袁某实习过程中消耗了一定的油料和磨损了车辆，但该损耗系驾驶实习过程中必然要发生的。依据一般常理，该情形下的油料消耗费和车辆磨损费显然无法等同于专项培训费用。因此，本案不属于劳动合同法规定的由用人单位提供专项培训费用让劳动者接受专业技术培训的情形。故，双方约定无效，袁某不需要付违约金给该公司。

探究平台

毛某与孔某均系某大学学生。2021年5月23日，毛某因有其他事情不能参加期末考生，遂让同学孔某代替自己参加当日进行的"形势与政策"课程期末考试。孔某答应了毛某的要求，并替代毛某实际参加并完成了该考试。2021年5月30日，孔某因在外兼职，让同学毛某代替自己参加当日进行的"形势与政策"课程期末考试，毛某答应了孔某的要求，并替代孔某实际参加并完成了该考试。2021年6月22日，该学校接到学生的实名举报，遂对毛某和孔某是否存在替考行为进行调查，毛某、孔某向学校提交了情况说明，承认了替考的事实。

随后，该学校制作了《学生考试违纪舞弊情况报告表》《考试违规拟处理决定告知书》，经召开校长办公会议后决定，对毛某、孔某作出开除学籍的处分。毛某、孔某不服该处分决定，向学校学生申诉处理委员会提出申诉。学生申诉处理委员会经举行听证会，作出了复查决定，决定维持原处理决定。

2021年8月19日，毛某、孔某以学校的前述行政处分决定违反了《中华人民共和国教育法》及其他相关法律法规的规定，处分明显过重，向学校所在的区法院起诉，请求撤销该学校作出的开除学籍处罚决定，并要求重新作出处罚决定。

1. 请你谈谈学校对毛某、孔某作出的开除学籍的处分决定是否适当。

2. 作为学生，该案件能给你带来什么启示？

法院审理后认为，学校具备按照章程自主管理、对受教育者进行学籍管理、对代替他人或让他人代替自己参加考试的学生作出开除学籍处分等法定职权。而毛某、孔某先后替他人考试和让他人替自己考试的行为，性质属于"严重作弊或扰乱考试秩序"，符合可给予开除学籍处分的法定情形。因此，法院最终判决驳回了原告毛某、孔某的诉讼请求。

《中华人民共和国教育法》第二十九条规定，学校及其他教育机构有权对受教育者进行学籍管理，实施奖励或处分。另外，《普通高等学校学生管理规定》第五十二条规定，学生有代替他人或者让他人代替自己参加考试、组织作弊、使用通讯设备或其他器材作弊、向他人出售考试试题或答案牟取利益，以及其他严重作弊或扰乱考试秩序行为的，学校可给予开除学籍处分。由此可见，学校依据相关法律和管理规定行使管理职责，有权对毛某、孔某作出开除学籍处罚。

作为学生，要充分认识到替考是一种违法行为，千万不可基于"兄弟情谊、相互帮忙"等错误心理而代替他人考试，以"不诚信行为"回报"不诚信行为"。

校场练兵

张某是某职业学校英语老师,工作两年后想继续在职读研究生深造,但在职报考研究生需要所在单位出具介绍信并在报名表上签字盖章。张某所在职业学校人事部门却拒绝为其办理相关手续,迫不得已,张某便找了另外一家单位为其办理。之后张某顺利参加入学考试并如愿被录取。但在入学时,该职业学校以张某私自报考及英语老师短缺为由,不让张某前去报到,导致张某未能按时入学。张某认为该职业学校侵犯了其受教育权,但该职业学校认为张某作为在职老师,应首先履行好工作职责,读研究生会影响工作,会给单位造成损失。请同学们分别从张某、学校的角度思考他们各自行为的对错,并分别给出建议。

给张某的建议:_____

_____

给学校的建议:_____

_____

法官提醒

1.教育兴则国家兴,教育强则国家强。教育是民族振兴的基石,我国实行科教兴国战略。受教育权是宪法和教育法明确规定的公民权利,不仅国家有责任保障公民的受教育权或学习权,而且其他任何部门、机构或个人均应当尊重公民的受教育权,不得以任何方式对其进行妨害。

2.教育公平是当前我国教育事业面临的最大问题之一,国家将继续采取有力措施营造平等、公正的教育环境。所有享受国家教育资源的公民,都应当勤奋学习,自觉维护和遵守教育规范和秩序,不得以任何方式牟取特殊利益,损害教育公平。

学习感悟

1. 通过学习基础知识,我了解了_____

2. 通过学习本课的案例,我学会了_____,提高了_____

3. 通过"校场练兵"和"法官提醒",我需要注意_____

法治广角

严惩学术不端　维护教育公平(节选)

凌　锋

对于近期社会舆论高度关注的"翟天临涉嫌学术不端事件",教育部作出回应,强调绝对不允许出现无视学术规矩、破坏学术规范、损害教育公平的行为。对于这些行为,发现一起,核实一起,查处一起,绝不姑息。

教育公平问题是社会普遍关注的热点问题之一。近年来,人们对教育领域涉及教育公平的事件始终保持高度关注,而且在这种关注之中常常表现出焦虑和不安。教育公平是社会公平的重要内容,教育是人们获得知识的主要途径,无论是通过教育获得更多技能,还是借此改变人生命运,公平的教育都是人们实现这些目标的希望所在。任何有损教育公平的行为,都会对大众心理造成严重伤害,进而在社会上造成极大的负面影响。

对于教育公平必须坚决维护。作为教育主管部门,维护教育公平应该高度自觉,必须始终警惕任何有违教育公平的学术不端等问题,对教育不公平现象保持零容忍态度,发现一起查处一起,严惩不贷。应该特别强调的是,对于以违法手段严重破坏教育公平造成恶劣社会影响,乃至触犯刑法的,要坚决绳之以法。以法律手段严惩学术不端,坚决维护教育公平。

与此同时,必须进一步推动学校管理、学术评价、学位授予制度等的健全和完善,不断提高学术领域制度化、规范化水平。必须加强各种监督,不仅加强行业监管、内部监督,而且要加强包括舆论监督在内的各种社会监督。充分运用法治思维和法治方式,在法治的轨道上,真正促进教育公平建设,不断让教育发展成果更多更公平地惠及全体人民,以教育公平促进社会公平正义。

——《法制日报》,2019年2月16日

第二单元

平安校园我维护

习语金句

　　★ 青少年是祖国的未来、民族的希望。我们党立志于中华民族千秋伟业,必须培养一代又一代拥护中国共产党领导和我国社会主义制度、立志为中国特色社会主义事业奋斗终身的有用人才。在这个根本问题上,必须旗帜鲜明、毫不含糊。这就要求我们把下一代教育好、培养好,从学校抓起、从娃娃抓起。

——2019年3月18日习近平在学校思想政治理论课教师座谈会上的讲话

第三课　校园欺凌要严禁

点击案例

案例 1　某职业学校学生何某（女，十六周岁）因听闻同学小丽（女，十五周岁）辱骂自己及朋友，决意教训小丽。有一天，何某纠集了学校里她的几个"闺蜜"——王某某、刘某某、孙某某，趁着别的同学到操场上体育课的机会，将小丽骗至教学楼厕所内，强迫小丽脱光衣服，对其进行殴打、辱骂，并使用烟头烫伤小丽的胸部。

经机构鉴定，小丽本次所受损伤符合轻微伤。次日，小丽在家人的陪同下到派出所报案，何某、王某某、刘某某、孙某某也相继被公安机关抓获。

案例 2　某校学生刘某、邬某等8人（均已满十四周岁），下课后无所事事，在学校附近僻静处随意追逐、辱骂路过的同学，对王某无故进行殴打，并索要王某随身携带的财物，情节恶劣。碰巧经过这里的周某发现了该情况，因对方人数众多周某并未立即上前制止，而是打电话报告校警，并用手机拍摄下一段刘某等人打骂王某的视频。王某被殴打后交出随身财物，并假意表现出对刘某的崇拜，成功与刘某互加微信。校警赶到时刘某等人已经离开，但警方根据周某和王某提供的视频和微信号码将刘某等人抓获。

1. 何某等人的行为是否属于校园欺凌行为？这样的行为是否会触犯刑法？
2. 刘某等人的行为是否涉嫌犯罪？

知识导航

一、校园欺凌的概念

校园欺凌是发生在校园内外的学生之间，一方蓄意或恶意通过肢体、语言及网络信息等手段实施欺负、侮辱，造成另一方人身伤害、财产损失或精神损害等的行为。校园欺凌通常会造成受害人心灵创伤，是一种反社会行为，是各国重点治理对象。校园欺凌不等同于校园暴力，前者仅属于学生之间。

二、校园欺凌的分类

(一)欺凌的类型

按欺凌者的数量分，欺凌分为个体欺凌和群体欺凌。个体欺凌通常表现为一个学生对另一个学生的欺凌，而群体欺凌通常表现为一个学生群体对某个学生或者某些学生实施欺凌。群体欺凌事件比个体欺凌事件发生率更高，危害性也更大。群体欺凌事件多发的原因主要有以下三个方面：

1.群体欺凌会降低欺凌者的违法犯罪心理成本。欺凌者的负罪感与内疚感由1分摊成1/n，欺凌者更容易作出欺凌行为，欺凌者也更加肆无忌惮。

2.群体内成员存在从众心理。群体内部分人欺凌他人，未欺凌他人的其他成员为了获得群体的认同，以及避免被该群体排斥，不得不实施欺凌行为。

3.群体欺凌对旁观者产生影响。某些旁观者，甚至被欺凌者为了不被欺凌或者基于仰慕"强者"的想法，而选择加入欺凌者群体，成为施暴者之一。

(二)欺凌行为的具体表现形式

1.肢体欺凌

(1)无事生非，随意追逐、拦截他人。

（2）对受害者进行重复性的物理攻击。如拳打脚踢、扇巴掌、推搡等。

（3）非法剥夺他人人身自由。如未经他人同意，故意将他人拘禁在教室内或者其他封闭的地方。

（4）以暴力、胁迫等手段强拿硬要，随意损毁他人财物。如强拿硬要他人的学习用品、贵重物品甚至现金，随意损毁他人的衣物等。

2.言语欺凌

（1）针对他人的外表或者缺点，随意给他人起侮辱性绰号。

（2）随意辱骂、谩骂他人。

（3）传播关于他人的谣言，造谣诽谤他人。

（4）中伤、讥讽、贬抑评论他人。

3.社交欺凌

（1）人际互动中抗拒、排挤与孤立他人。如分派系结伙。

（2）情绪虐待。如当众用恐吓、威胁等方法强制他人做不想做的事情，威胁他人服从命令，当众给他人难堪等。

4.网络欺凌

在网络上发表对他人不利的言论，曝光他人隐私以及对他人的照片进行丑化等。

三、校园欺凌的危害性

校园欺凌不只在当时对受害者的身体和心理产生危害，还可能影响受害者的一生。受害者通常在身体上和心灵上受到双重创伤，除了容易产生自我怀疑、焦虑、抑郁等不良情绪外，还会常常感到恐惧、愤怒和悲伤，甚至出现轻生的念头。

对于欺凌者而言,危害后果同样显而易见。欺凌者比一般人更具有攻击性,在他们的生活中,争吵、打架、生气是家常便饭。他们自以为无所不能,可是一旦受到挫折,很容易陷入绝望和恐惧中无法自拔。一个人年少时的欺凌行为,或许会为成年后实施暴力犯罪行为埋下隐患。欺凌者较一般人而言,更容易违法犯罪。

校园欺凌也会危害到旁观者。对于目睹欺凌事件的旁观者而言,他们会因为未帮助受害者而内疚、惶恐,更糟糕的是有些旁观者会模仿欺凌行为,不自觉地加入欺凌者的行列。

法条在线

《中华人民共和国未成年人保护法》第三十九条

学校应当建立学生欺凌防控工作制度,对教职员工、学生等开展防治学生欺凌的教育和培训。

学校对学生欺凌行为应当立即制止,通知实施欺凌和被欺凌未成年学生的父母或者其他监护人参与欺凌行为的认定和处理;对相关未成年学生及时给予心理辅导、教育和引导;对相关未成年学生的父母或者其他监护人给予必要的家庭教育指导。

对实施欺凌的未成年学生,学校应当根据欺凌行为的性质和程度,依法加强管教。对严重的欺凌行为,学校不得隐瞒,应当及时向公安机关、教育行政部门报告,并配合相关部门依法处理。

《中华人民共和国刑法》第二百三十四条

【故意伤害罪】故意伤害他人身体的,处三年以下有期徒刑、拘役或者管制。

犯前款罪,致人重伤的,处三年以上十年以下有期徒刑;致人死亡或者以特别残忍手段致人重伤造成严重残疾的,处十年以上有期徒刑、无期徒刑或者死刑。本法另有规定的,依照规定。

《中华人民共和国刑法》第二百九十二条

【聚众斗殴罪】聚众斗殴的,对首要分子和其他积极参加的,处三年以下有期徒刑、拘役或者管制;有下列情形之一的,对首要分子和其他积极参加的,处三年以上十年以下有期徒刑:

(一)多次聚众斗殴的;

(二)聚众斗殴人数多,规模大,社会影响恶劣的;

(三)在公共场所或者交通要道聚众斗殴,造成社会秩序严重混乱的;

(四)持械聚众斗殴的。

【故意伤害罪】【故意杀人罪】聚众斗殴,致人重伤、死亡的,依照本法第二百三十四条、第二百三十二条的规定定罪处罚。

《中华人民共和国刑法》第二百九十三条

【寻衅滋事罪】有下列寻衅滋事行为之一,破坏社会秩序的,处五年以下有期徒刑、拘役或者管制:

(一)随意殴打他人,情节恶劣的;

(二)追逐、拦截、辱骂、恐吓他人,情节恶劣的;

(三)强拿硬要或者任意损毁、占用公私财物,情节严重的;

(四)在公共场所起哄闹事,造成公共场所秩序严重混乱的。

纠集他人多次实施前款行为,严重破坏社会秩序的,处五年以上十年以下有期徒刑,可以并处罚金。

一、请同学们结合所学内容分析下列问题

> 案例1中,如果何某等人将小丽打成重伤,她们的行为可能构成什么犯罪?

> 案例2中,如果王某被打之后怀恨在心,邀约同学与刘某等人打架,最终将刘某打成轻伤,这时王某的行为是否构成犯罪?

二、法官解析

何某纠集他人以殴打、辱骂、强行脱衣服等方法欺凌小丽,其行为已构成强制侮辱罪,依法应予惩处。如果小丽被打成重伤,何某等人的行为将构成故意伤害罪。

校园欺凌具有极强的隐蔽性,许多受害人被欺凌后因为害怕、害羞等,不敢及时向老师或家长诉说,这在一定程度上助长了恶势力。当欺凌事件发生时,受害人和旁观者要注意保留欺凌视频、照片等证据,及时报警。

案例2中,刘某等人的行为已触犯刑法,构成寻衅滋事罪。如果王某被打之后怀恨在心,邀约同学与刘某等人打架,虽然王某的行为事出有因,但其纠集他人聚众斗殴,严重扰乱了社会公共秩序,且将刘某打成轻伤,王某的行为满足聚众斗殴罪的犯罪构成要件,将受到刑法的处罚。

探究平台

小辉（已满十四周岁）系海城市某中学初中二年级的学生，因体态较胖，性格又比较内向，在学校经常受到其他同学的欺辱。小文与小辉系该中学同年级的同学，虽然不同班级，但彼此认识。2022年5月的一天，晚上放学时，在学校大门口小文嘲笑小辉太胖，并用语言刺激小辉，双方因此发生争执，继而引发肢体冲突，后被学校保安人员拉开。

第二天下早自习，因前一晚的矛盾，小文约上同学小海在操场上找到小辉后，用语言挑衅小辉，小辉再次被小文激怒。因操场附近的厕所里没有监控设备，小文便提议去该厕所把事情解决清楚。在该厕所里，他们三人厮打在一起，小文、小海将小辉打倒在地，当时很多同学在一旁围观。上课铃响起，小辉带着伤回到教室。这次被打事件就像导火索，将小辉内心积压已久的屈辱、愤怒全部激发出来。经过一番思想斗争，某天的一个课间小辉将小文和小海约至厕所，小辉举起事先准备好的折叠刀，向小文的胸、腹部扎去。小辉被前来上厕所的同班同学拉开，此时小文已身中数刀，倒在血泊中。经鉴定：小文胸部损伤程度为重伤二级，腹部及左上肢体表损伤程度为轻微伤。

1. 请同学们结合所学知识分析本案例中斗殴双方是否涉嫌犯罪。

2. 如果你是法官，你会如何判决？本案例给我们的警示是什么？

上述案件中，小辉与小文之间的矛盾系由同学间的争执引发的，小辉故意伤害他人身体健康，致人重伤，应认定小辉构成故意伤害罪。小辉犯罪时未满十八周岁，应当从轻处罚；小辉能够如实供述其犯罪事实，可以从轻处罚。依照《中华人民共和国刑法》等相关规定，法院最终以故意伤害罪判处小辉有期徒刑三年，小辉、其父母及就读的某中学应对被害人小文赔偿相应的经济损失。

案发时小辉未满十六周岁，他为自己的不法行为付出的代价不仅仅是失去三年的人身自由，更是未来的前途。小文虽然得到了相应的赔偿，该案法律程序也已经结束，但该起事件给小文、小辉及他们的家人带来的伤痛却没有结束。小文在该起事件中胸部损伤程度为重伤二级，住院治疗后虽生活能够自理，但再也没有了曾经健康的体魄，再也不能像同龄人一样进行正常的体育活动，免疫系统也将受到破坏，日后要长期承受并发症的困扰。同样，小文的学业也将受到影响。

校园欺凌引发的刑事犯罪，会严重侵害被害人的身心健康，严重扰乱学校正常的教学管理秩序，严重影响在校学生及学生家长的安全感。对此类案件，应依法处置，让违法者得到应有的制裁。本案被告人小辉原是校园欺凌事件中的被欺凌者，但由于没有正确处理同学间的矛盾，而是使用暴力、极端方式，将同学间的"小矛盾"升级为触犯刑法的"大犯罪"，因此不仅给自己造成了无法挽回的损失，也给小文的健康造成了严重的伤害，双方都付出了惨痛的代价。本案警示我们，同学之间要理智、依法处理矛盾，切忌鲁莽、冲动。

校场练兵

1.刘某和王某因小事产生矛盾，刘某觉得没面子，便邀约张某一起教训王某。他们的对话被李某听到了。

如果你是张某，你会_____

_____

如果你是李某，你会_____

_____

2.黄某性格较为随和,与同班同学相处融洽,但某天班上比较有"人缘"的李某突然对其恶言相向,还邀约其他几个同学一起孤立黄某。

假如你是黄某,你会_____
_____

假如你是被李某邀约的同学,你会_____

法官提醒

一、不做校园欺凌的施暴者

1.尊重他人,团结同学。每个人都有优点和缺点,同学之间要学会相互尊重。

2.换位思考,控制情绪。己所不欲,勿施于人。学会管理自己的情绪,遇事不冲动,用积极的方法解决问题。勿以恶小而为之,切忌用暴力解决问题。

3.独立思考,切忌盲目跟从。不编造、传播谣言,不盲从他人施暴。

二、拒绝做校园欺凌的受害者

1.建立自信心,不做边缘人。保持阳光心态,积极融入集体,培养兴趣爱好,学会对人微笑。避免过分消极自卑,结识性格开朗、乐观的朋友,建立良好的人际关系。

2.树立防范意识,对校园欺凌说"不"。遇到他人强迫自己做不想做的事情,要温和而坚定地拒绝对方,告诉对方"我不喜欢这样"或者"请你停止"。遭遇欺

凌时,假如能够脱身,应当立即离开现场;假如无法脱身,尽量用大声呼喊等方式吸引他人注意,以寻求帮助。

3.学会用法律武器保护自己。遭遇欺凌时,要冷静,不做无谓的反抗,注意保护自己。尽量收集证据,如把对方引到摄像头下,记住对方的相貌特征,事后向公安机关报案等。

4.积极寻求帮助,不孤单承受伤害。遭遇欺凌后,及时向老师或者家人诉说,必要的时候向司法机关求助。不要因为一次求助失败就放弃求助,这样会让施暴者更加嚣张,导致欺凌事件的反复发生。

三、不做校园欺凌的"吃瓜"群众

遇到其他同学被嘲笑、欺负或者排挤,可以帮助冲突双方协商解决问题,若无法调解或者情况危急,应在保护好自己的前提下及时通知老师或者向警方寻求帮助。正确的救助行为,会帮助冲突中的同学正确解决纠纷。

学习感悟

1.通过学习基础知识,我了解了＿＿＿＿＿＿＿＿＿＿＿＿＿＿＿＿

2.通过学习本课的案例,我学会了＿＿＿＿＿＿＿,提高了＿＿＿＿＿＿＿

3.通过"校场练兵"和"法官提醒",我需要注意＿＿＿＿＿＿＿＿＿＿

法治广角

惩治校园欺凌，掀开"不见光"的隐秘角落(节选)

王钟的

随着相关题材影视剧作品的热播，以及新闻事件的曝光和处置，躲在"隐秘角落"的校园欺凌现象被更多阳光照射。这当然不是说，校园欺凌问题在过去没有，恰恰相反，正是因为社会、学校和部分家长对校园欺凌现象不重视，才让其长期未得到舆论场应有的正视。校园欺凌绝非孩子之间的"小打小闹"，而是影响青少年学习、成长乃至一生的梦魇，必须充分重视。

首先要明确的是，校园欺凌不仅是一个教育问题，同时也是一个法律问题。只有坚持在法律框架下审视校园欺凌现象，校园欺凌受害者才能得到更好保护，实施或准备实施欺凌行为者才能得到威慑和惩处。实施校园欺凌的学生年龄虽小，但并没有逃避法律制裁的特权。即使涉案者的年龄不满十四周岁，可以免予刑事处罚或行政拘留，其监护人也负有管教的法律责任。

从很多恶性校园欺凌事件上，都能看到教育者甚至执法人员不作为的问题。有人说，校园欺凌只有零次和无数次。有的校园欺凌受害者，长期生活在暴力的阴影之中。这与教育者缺乏正确处置，司法干预不及时不彻底有着密切联系。在河南鹤壁发生的校园欺凌事件中，班主任得知情况以后，未采取任何有效措施，学校也以不知情为由推脱监管责任。学校是保障学生安全的第一道屏障，如果教育者失职渎职，学生就无法建立最起码的安全感。同时，在接到校园欺凌的报案以后，执法部门也要及时响应，充分调查，给受害者家庭一个公平的交代，尽到对未成年人的保护之责。

铲除发生校园欺凌的土壤，关键在学校，根源在家庭和社会。绝大多数校园欺凌事件，都伴随着家庭教育缺失、对子女监管不力、家庭暴力频发、社会不良风气污染等问题。对实施校园欺凌的学生来说，当他们实施暴力、虐待行为的时候，是嚣张的施暴者，而就他们的成长环境而言，他们也可能是受害者。校园欺凌的实施者毕竟是孩子，并非天生"十恶不赦"之人，在坚持依法依规严惩的同时，也要注意从源头阻断校园欺凌，让更多孩子明辨是非，在阳光下健康成长。

正视并公平地处置校园欺凌，是解决问题的第一步。当然，要认识到治理校园欺凌很难毕其功于一役，注定是一场长期而复杂的斗争。我国社会城乡和地区差异大，不同环境中的校园欺凌有不同表现，这也要求有关部门不断细化工作，根据当地校园欺凌的特征"对症下药"。当然，从源头上说，还是要继续推进教育公平，让善意得到回报，让每一个孩子都看到向上的希望，而不是在暴力与施虐中自我沉沦。

——光明网，2022年11月24日

第四课 "校园贷"须远离

点击案例

案例 1 在广东某职业学校就读的小李从某网贷平台借款1万元用于购买手机和电脑,由于到期无法偿还借款,小李以"拆东墙补西墙"的方式从各种"校园贷"平台借款,前后共涉及12个平台。尽管小李已努力偿还了7个平台的借款,但仍有5个平台的没能按期清偿,结果他受到了这些平台的催款信息的轰炸式骚扰。小李的父亲表示,这些借款的年利率有的高达100%～200%,"校园贷"的本金和高额的利息会令整个家庭陷入泥潭当中。

案例 2 小张与小王两人关系较好。小张爱好购物,但由于之前的多笔网络借款未及时偿还,已被网贷平台列入"黑名单",于是她请求小王帮忙,希望借用小王的身份证、学生证等证件,以小王的名义向某"校园贷"平台借款。小王出于帮助同学的善意答应了小张的要求。两人约定借款到达小王账户后由小王转给小张,到期的借款本金和利息由小张偿还。小王履行了双方的约定,然而小张在偿还了一部分借款后,没再按时偿还剩余的分期本息及罚金。由于该"校园贷"平台上登记的信息都是小王的,导致小王被该平台追债,最后他不得不向父母借钱还债。

1. 案例1中"校园贷"平台的利率是否合法?
2. 案例2带给我们的警示是什么?

知识导航

一、"校园贷"相关概念

要想知道什么是"校园贷",首先需要了解什么是借贷合同。借贷合同,是指出借人把一定数量的货币或种类物交付给借用人,借用人按照约定,将同等数量的货币或同等数量质量的种类物归还给出借人的协议。借用人一般要向出借人支付利息。按借贷物的不同,借贷合同可分为货币借贷合同和实物借贷合同。

"校园贷",是指在校学生向各类借贷平台借钱的行为。其以无需任何担保、无需任何资质,只需要身份证和个人信息,就可以申请到一定金额借款的特点诱导学生过度消费,甚至陷入"高利贷"陷阱,侵犯学生合法权益。

二、"校园贷"分类

目前,常见的"校园贷"有不良贷、培训贷、刷单贷、美容贷、传销贷、裸条贷、多头贷等多种形式。

(1)不良贷。主要指那些采取虚假宣传、降低贷款门槛、隐瞒实际资费标准等不合规手段诱导学生过度消费或给学生带来恶意贷款的行为。

(2)培训贷。该贷款主要针对即将毕业求职的各类学生,款项用途是培训。此类"校园贷"诈骗实为诈骗分子通过虚假宣传方式,以培训机构进行培训为掩护,以收取"培训课程费"为由诱骗学生办理贷款进行缴费。

(3)刷单贷。主要指的是一些不法分子利用学生的求职心理,利用刷单贷款的兼职模式进行诈骗贷款的一种形式。

(4)美容贷。该贷款主要瞄准爱美却又缺钱的学生群体,将整容与高额债务捆绑在一起,通过去头息、故意逾期等方式,设下连环套,一些学生尤其女孩子由此落

入债务陷阱,甚至沦为套路贷团伙长期赚钱的工具。

(5)传销贷。指不法分子借助"校园贷"平台,招募大学生作为校园代理,并要求发展学生下线进行逐级敛财。

(6)裸条贷。指不法出借人通过要挟借款者以裸照或不雅视频作为借款抵押证据,当借款人发生违约不还款时,出借人以公开借款人裸体照片或视频、其父母联系方式作为要挟,逼迫借款人还款的一种贷款方式。

(7)多头贷。主要指从多个"校园贷"平台进行贷款,形成一种"以贷还债"式的多头贷。

国家规定,只有经银监部门批准设立的从事贷款业务的金融机构及其分支机构有权发放金融贷款,其他任何机构和个人都不得以任何名义发放金融贷款。因此,"校园贷"一般不属于金融贷款,而属于普通经济活动,贷款方与学生之间发生货币借贷关系,若产生纠纷按民间借贷纠纷处理。

鉴于大学生过度消费问题较为严重以及由此引发的不良社会影响,有关部门针对"校园贷"的监管升级,小贷机构的"校园贷"业务也被叫停。但是,现实中仍有一些机构由于对借款者身份审核不严格,仅让借款者提供"非学生身份承诺函"等资料,导致一些大学生成功借到款;还有少数机构将原来的"校园贷"包装成"培训贷""美容贷"等,使原来的"校园贷"以更隐蔽的方式推出。此外,一些不法分子甚至引诱大学生办理"刷单贷""套路贷"等,给大学生的生活、学习造成极大负面影响。[1]对中职学生来说,也要警惕和杜绝这些非法贷款行为,理性消费。

三、"校园贷"常见问题及相关法律规定

(一)"校园贷"本质上存在严重的不公平

"校园贷"业务中借贷双方之间没有实质的公平,学生申请的借款数额与贷款平台实际提供的数额有很大差距。因为在借贷事务中"校园贷"平台会收取高额手续费,且将这笔手续费在本金中扣

---

[1] 以上素材选自《工人日报》,2023年4月3日。

除,学生实际得到的钱比申请数额要少。此外,贷款平台还会收取高额的利息,学生实际所还数额远远高于所借数额。

关于民间借贷利率,《最高人民法院关于审理民间借贷案件适用法律若干问题的规定》(2020第二次修正)以2020年8月20日作为分界线,将其进行分段处理。其中规定,2020年8月20日之后新受理的一审民间借贷案件,借贷合同成立于2020年8月20日之前,可以适用当时的司法解释计算自合同成立到2020年8月19日的利息;对于自2020年8月20日起的利息部分,对应的利率上限为合同成立时同期贷款市场报价利率的四倍,因贷款市场报价利率理论上每个月都可能变化,因此民间借贷利率上限也可能每个月都会变化。

(二)"校园贷"容易诱发学生无节制的消费欲望

从现实案件中可以看出,学生将"校园贷"借款主要用于追求过度自我消费,甚至追求名牌,攀比高档,逐渐形成无节制消费的不良习惯。

(三)"校园贷"容易造成学生个人信息及隐私的泄漏

向"校园贷"平台借款需要提交个人联系方式、个人身份号码、家人联系方式、家庭住址等信息,一旦借款人还款不及时,平台就会有专人催逼还款,还款不及时、不足额,平台会以公开借款人信息等方式进行威胁。有的"校园贷"平台甚至要求学生在借款时向其提供裸照作为抵押物,当学生不能还款时,平台便将借款学生的个人信息甚至裸照上传至网上,甚至发送给学生的亲友。这些行为会严重侵犯学生的个人隐私权。

《中华人民共和国民法典》第八条规定:"民事主体从事民事活动,不得违反法律,不得违背公序良俗。""校园贷"平台要求以裸照、裸视频作抵押,其行为违法。根据《中华人民共和国刑法》的规定,传播裸照、裸视频等淫秽物品,情节严重的,构成传播淫秽物品罪;行为人违反国家有关规定,向他人出售或提供公民个人信息,情节严重的,构成侵犯公民个人信息罪。学生若在借款业务中遇到类似情况,要寻求法律保护。

四、如何区分正规贷款和"校园贷"

正规贷款和"校园贷"二者有如下主要区别:

1."校园贷"门槛极低。办理正规借贷业务需要借款人提供征信报告、收入证明等,甚至需要有担保人,申请程序严格;而"校园贷"只需要借款人身份证、学生证和联系方式,程序简单。

2."校园贷"利息很高。正规借款的利息严格执行国家规定,而"校园贷"的利息远远高于同期银行贷款利息,并且收取手续费等其他费用。

3."校园贷"不限制用途。正规借款必须说明用途,因为并非任何理由均可申请到正规借款。而"校园贷"对借款用途不加限制。

4."校园贷"审查不严。申请正规借款有严格的审查程序和固定的审查周期,而"校园贷"审查不严格并且放贷极快,绝大部分"校园贷"平台都是24小时内放款。

法条在线

《最高人民法院关于审理民间借贷案件适用法律若干问题的规定》第二十五条

出借人请求借款人按照合同约定利率支付利息的,人民法院应予支持,但是双方约定的利率超过合同成立时一年期贷款市场报价利率四倍的除外。

前款所称"一年期贷款市场报价利率",是指中国人民银行授权全国银行间同业拆借中心自2019年8月20日起每月发布的一年期贷款市场报价利率。

《最高人民法院关于审理民间借贷案件适用法律若干问题的规定》第二十六条

借据、收据、欠条等债权凭证载明的借款金额,一般认定为本金。预先在本金中扣除利息的,人民法院应当将实际出借的金额认定为本金。

《最高人民法院关于审理民间借贷案件适用法律若干问题的规定》第二十七条

借贷双方对前期借款本息结算后将利息计入后期借款本金并重新出具债权凭证,如果前期利率没有超过合同成立时一年期贷款市场报价利率四倍,重新出具的债权凭证载明的金额可认定为后期借款本金。超过部分的利息,不应认定为后期借款本金。

按前款计算,借款人在借款期间届满后应当支付的本息之和,超过以最初借款本金与以最初借款本金为基数、以合同成立时一年期贷款市场报价利率四倍计算的整个借款期间的利息之和的,人民法院不予支持。

《最高人民法院关于审理民间借贷案件适用法律若干问题的规定》第二十八条

借贷双方对逾期利率有约定的,从其约定,但是以不超过合同成立时一年期贷款市场报价利率四倍为限。

未约定逾期利率或者约定不明的,人民法院可以区分不同情况处理:

(一)既未约定借期内利率,也未约定逾期利率,出借人主张借款人自逾期还款之日起参照当时一年期贷款市场报价利率标准计算的利息承担逾期还款违约责任的,人民法院应予支持;

(二)约定了借期内利率但是未约定逾期利率,出借人主张借款人自逾期还款之日起按照借期内利率支付资金占用期间利息的,人民法院应予支持。

《中华人民共和国刑法》第二百五十三条之一第一款

【侵犯公民个人信息罪】违反国家有关规定,向他人出售或者提供公民个人信息,情节严重的,处三年以下有期徒刑或者拘役,并处或者单处罚金;情节特别严重的,处三年以上七年以下有期徒刑,并处罚金。

《中华人民共和国刑法》第二百七十四条

【敲诈勒索罪】敲诈勒索公私财物,数额较大或者多次敲诈勒索的,处三年以下有期徒刑、拘役或者管制,并处或者单处罚金;数额巨大或者有其他严重情节的,处三年以上十年以下有期徒刑,并处罚金;数额特别巨大或者有其他特别严重情节的,处十年以上有期徒刑,并处罚金。

《中华人民共和国刑法》第三百六十四条第一款

【传播淫秽物品罪】传播淫秽的书刊、影片、音像、图片或者其他淫秽物品,情节严重的,处二年以下有期徒刑、拘役或者管制。

案例分析

一、请同学们结合所学内容分析下列问题

案例1中小李及家人该如何正确处理当前的困难?

案例2中小王应如何维护自身的合法权益?

二、法官解析

案例1中,"校园贷"平台的年利率高达100%~200%,这明显违反了我国法律法规关于民间借贷利率的相关规定。根据《最高人民法院关于审理民间借贷案件适用法律若干问题的规定》(2020第二次修正),2020年8月20日之后新受理的一审民间借贷案件,借贷合同成立于2020年8月20日之前,当事人请求适用当时的司法解释计算自合同成立到2020年8月19日的利息部分的,法院应予支持。对于自2020年8月20日起的利息部分,对应的利率上限为合同成立时同期贷款市场报价利率的四倍。出借人请求借款人按照合同约定利率支付利息的,法院应予支持,但是双方约定的利率超过合同成立时一年期贷款市场报价利率四倍的除外。因此,我们在进行借款的时候,关于利息的约定不能超过相关的法律规定,否则就属于违法行为。超过相关标准的,应界定为高利借贷行为。本案中,出借方的贷款利率过高,超出同档次贷款市场报价利率的四倍的部分,法院不予支持,小李及家人可以通过诉讼方式要求出借方在合法范围内变更之前的约定。

案例2中,小张以小王的名义进行借款,小王与"校园贷"平台之间便产生了借贷关系,该借贷关系中不违反法律规定、不侵害社会公共利益及不违背当事人意思自治的内容有效,小王有义务偿还借款本金及法定范围内的利息。小张和小王约定在小王收到借款后将钱款转给小张,到期由小张偿还借款,那么小张与小王之间就产生了另外一个合同关系。小王履行了转款给小张的义务,而小张不按照约定按期偿还借款,则小王有权利向小张主张违约责任,要求小张承担偿还欠款的责任,以此来维护自身的合法权益。本案例警示我们不能无原则地为同学提供帮助,要避免个人身份信息被他人非法使用。

探究平台

小李是某职业学校学生,他了解到,只要办理简单的申请手续,不需要征信报告,不需要担保,每个同学都能从"校园贷"平台借款1万元到3万元不等。小李想多借些钱,以满足自己的消费欲望,于是借用了几个同学的身份信息来向平台借款。就这样,小李很快就拿到了十几万元的借款。小李用这笔钱买了最新款的某知名品牌手机和名牌衣服,请同学吃饭、进酒吧,俨然成了同学们眼中的"高富帅",整天陶醉在同学们的羡慕声中。

可是,由于还款能力有限,渐渐地旧债像滚雪球一样越滚越大。因此,小李只能不停地用更多的新借款来还旧债。小李前后向10多个"校园贷"平台借款。之前借给他身份信息的同学实在无法忍受催债人的骚扰,选择了报警。警察在一家宾馆将躲债的小李抓获,小李如实供述了自己的一系列行为。

1. 小李的行为是否触犯了法律?如果是,那么触犯了什么法律?

2. 我们从小李的事件中应吸取什么教训?

小李以非法占有为目的,采取虚构事实、隐瞒真相的方式,骗取他人财物,数额特别巨大,其行为已触犯《中华人民共和国刑法》第二百六十六条的规定,构成诈骗罪。根据小李的犯罪情节及悔罪态度,可酌情从轻处罚。

从小李的经历中我们应该认识到：作为学生我们要树立正确的消费观念，养成艰苦朴素的优秀品质，千万不要因为贪慕虚荣而陷入"校园贷"的泥潭中，甚至违法犯罪；要积极学习法律和网络安全知识，自觉增强法律意识和安全意识；要增强自我保护意识，保护好自己的个人身份信息，切勿将自己的个人身份信息借给他人用于借款或购物；当遇到自己的信息被不法之徒利用时，要立即报警。

校场练兵

1.杨某毕业找工作时认识了刘某，刘某欲给杨某介绍利用"校园贷"赚钱的工作。他告诉杨某工作非常简单，就是杨某以自己的身份信息在多个"校园贷"平台上借款，然后将借来的钱直接转给他，他收到钱后会给杨某不菲的报酬，到期由他偿还借款本息。

如果你是杨某，你会_____

如果杨某按刘某的意思借了款且被多家平台要求还款，杨某应该_____

2.女生小茜经同学介绍向某网贷平台"裸贷"10000元，扣除手续费后小茜实际收到8500元，双方协商的周利率为15%。后来小茜因无法偿还高额利息，网贷平台持其裸照威胁其还债。

网贷平台的做法有哪些过错？你的观点是_____

法官提醒

1. 要树立正确的消费观,养成文明、健康的消费习惯,纠正超前消费、过度消费和从众消费等错误观念;要树立合理消费、理性消费、适度消费的消费观,在生活消费方面不盲从、不攀比、不炫耀;要制订适合自身的消费计划,结合实际,量入为出,培养节俭意识;要通过诚实合法劳动创造财富,培养自立意识。

2. 同学们找工作时要提高安全防范意识,谨防一些不法分子利用同学们急于求职的心理,以各种方式引诱同学们犯罪;同学们在找工作时,要通过多种途径核实招聘相关信息,切勿相信天上会掉馅饼。要清楚诱惑越大,陷阱越深,损失也会越大。

3. 由于很多"校园贷"平台对借款人的信息审查并不严格,一些同学在不良消费观念驱使下为了获得更多借款,往往会借用他人信息进行网贷,同学们对此要有清醒的认识。同学们要依照法定程序规范贷款,同时要树立正确的社交观念,不可盲目帮助他人,千万不要将自己的个人身份信息提供给他人使用,以免自身合法权益遭受侵害。

4. 如果已经陷入了"校园贷"危机,要及时寻求家长和老师的帮助,要保留好证据,咨询专业人士,利用法律手段维护自身合法权益。

学习感悟

1. 通过学习基础知识,我了解了_____
2. 通过学习本课的案例,我学会了_____,提高了_____
3. 通过"校场练兵"和"法官提醒",我需要注意_____

法治广角

让大学生远离不良"校园贷"还需多方合力(节选)

杨召奎

"校园贷"曾因效率高、办理方便等，吸引了众多有超前消费需求的大学生办理贷款。但"校园贷"风靡的背后，也存在着诸多严重隐患。例如，"校园贷"市场存在办理贷款业务门槛低、经营者资质参差不齐、隐瞒实际资费标准、风险提示不充分等问题，导致学生办理贷款后，背负沉重的还款负担，一旦逾期还可能面临暴力催收、父母被骚扰等问题。

鉴于大学生过度消费问题较为严重以及由此引发的不良社会影响，有关部门针对"校园贷"的监管升级，小贷机构的"校园贷"业务也被叫停。2021年2月，中国银保监会等五部门联合发布《关于进一步规范大学生互联网消费贷款监督管理工作的通知》，明确小额贷款公司不得向大学生发放互联网消费贷款，并进一步加强消费金融公司、商业银行等持牌金融机构大学生互联网消费贷款业务风险管理要求。此后，大部分小贷机构都不再开展"校园贷"业务，一些持牌消费金融机构由于担心负面舆情，也对"校园贷"业务避而远之。

然而，仍有一些机构由于身份审核不严格，仅让借贷者提供"非学生身份承诺函"等资料，导致一些大学生成功借到款；还有少数机构将原来的"校园贷"包装成"培训贷""美容贷"等形式，使原来的"校园贷"以更隐蔽的方式推出。此外，一些不法分子甚至引诱大学生办理"刷单贷""套路贷"等，给大学生的生活、学习造成极大负面影响。

因此，让大学生远离不良"校园贷"，还需多方合力，持续发力。大学生应当树立正确消费观念，根据自身经济条件合理安排生活支出，不轻易借贷。确需申请贷款的，一定先和父母沟通，认真评估自己的还款能力，并检查该机构是否有相关部门批准的资质证明，不给不良"校园贷"可乘之机。

与此同时，有关部门要加大对不良"校园贷"的整治，积极构建多方协同共治的格局，排查整顿违规机构，严厉打击针对大学生群体以"刷单贷""套路贷"等方式实施的违法犯罪活动。商业银行应针对大学生提供门槛低、定制化、真实透明、风险可控的金融产品和服务，让大学生免受不良"校园贷""套路贷"等侵扰。

——《工人日报》，2023年4月3日

第三单元

公共生活守规则

习语金句

★ 没有规矩不成方圆。无论什么形式的媒体,无论网上还是网下,无论大屏还是小屏,都没有法外之地、舆论飞地。主管部门要履行好监管责任,依法加强新兴媒体管理,使我们的网络空间更加清朗。

——2019年1月25日习近平在十九届中央政治局第十二次集体学习时的讲话

第五课 网络冲浪有法规

点击案例

案例 1 2021年10月以来，某校学生王某为了练就上网技术和提高知名度，利用自学的网络技术，使用笔记本电脑从互联网上下载各类黑客软件，利用这些软件查找他人电脑系统漏洞和破解服务器账号密码，侵入、控制电脑137台，并从控制的电脑中获取他人姓名、身份号码、联系方式、家庭住址等公民的个人信息9938条。

案例 2 2014年6月至8月期间，李某在其住处，使用"绿色咖啡阿里卡"等多个网名，在"百度贴吧—哈尔滨贴吧"等网页上多次编造、发布哈尔滨机场、哈尔滨火车站、哈尔滨市道里区中央大街等地发生爆炸恐怖事件、火灾，山西省太原市发生恐怖袭击等一系列虚假恐怖信息，导致多个职能部门进行相关排查、核实。其中李某于6月17日发布的"哈尔滨火车站有炸弹"的虚假恐怖信息，导致哈尔滨市公安局多警种出动，大量警力采取紧急应对措施，对可疑区域、物品进行测试、排爆，哈尔滨火车站动用大量工作人员紧急疏散1万余名候车旅客和现场群众，并导致该时间段内多次列车延误、旅客滞留。

1. 王某的行为是否涉嫌违法犯罪？并说明理由。
2. 李某的行为是否涉嫌违法犯罪？如果是，说说他有哪些违法犯罪行为。

知识导航

一、网络和网络空间的产生

因特网,即我们日常所说的网络,人们对它的研究始于20世纪50年代末,随着信息技术的不断进步,网络在社会生活的多个领域得到广泛应用,人们对它的依赖程度也越来越大。在网络空间中,计算机等更多的通信终端设备被连接起来,能实现文字、声音、图片和视频等多媒体信息的传递。网络打破了过去不同构造、不同功能的信息传递系统之间的隔离状态,形成了一种全新的信息交流途径。

二、网络自由

网络依附于现实社会而建立,具有鲜明的特征。使用起来自由是其特征之一。网络自由是指在网络中,行为主体有根据自己的意愿选择自己的行为方式的自由,有充分表达自己意见和观点的自由。

(一)网络活动自由

1.获取信息的自由。网络把整个世界连接起来,人们可以借助网络迅速地获得各种各样的信息。网络中包含的信息量相对于网络使用者的信息需求量而言几乎是无穷无尽的,网络使用者可以任意地输入关键词搜索其需要的信息。网络内容广泛、功能多样、速度迅捷、自由开放,已成为人们生活不可或缺的一部分。

2.发布信息的自由。网络为使用者提供了充分表达自己的所思所想的空间。如论坛、微博、贴吧等各种各样的平台所提供的话语空间和自由远超其他媒体。正如美国学者尼葛洛庞帝所说：在网络上，每个人都可以是一个没有执照的电视台。

3.网络交往的自由。在网络中，人们可以实现交往自由，可以通过QQ、微信等即时通信工具实现实时通信。人们不仅可以实时地相互发送文字，还可以发送语音、图片、视频。物理上的空间距离在网络中已经完全消失，人们在网络中的交往范围日渐扩大、内容日益丰富。

（二）网络环境下自由更具感性色彩

人们在网络世界中往往比在现实世界中更感自由、轻松。人们通过网络可以轻松阅读、学习、追剧、购物等。在网络里，人们不必经由他人允许，便可以随心所欲地发表自己的观点，自由地表达自己的感情。然而，网络也并不是一个纯粹自由的空间，它是现实社会的延伸，受到现实社会法律的约束，从而防止因权利滥用对国家、组织或者他人造成侵害。

（三）网络他律性有限

在网络世界里，道德的约束机制很难对人的行为发挥作用。在网络中，人们暂时逃避了现实社会中诸多伦理规范的约束，更容易自由地发表言论，张扬个性，甚至宣泄情绪，这就导致网络中存在许多真假难辨的信息。

三、网络空间不是法外之地

《中华人民共和国网络安全法》第六条规定，国家倡导诚实守信、健康文明的网络行为。《中华人民共和国网络安全法》第十二条规定，国家保护公民、法人和其他组织依法使用网络的权利，任何个人和组织使用网络应当遵守宪法和法律，遵守公共秩序,尊重社会公德。利用网络危害国家利益,破坏民族团结,传播暴力、淫秽色情信息,传播扰乱经济秩序和社会秩序的虚假信息,侵害他人名誉、隐私、知识产权和其他合法权益等的行为,都是违法行为。我国法律从多方面对网络行为进行规范,总的来说,分为民事的、行政的和刑事的。

民事方面。如《中华人民共和国民法典》第一千一百九十四条规定,网络用户、网络服务提供者利用网络侵害他人民事权益的,应当承担侵权责任。《中华人民共和国民法典》第一千一百九十五条规定,网络用户利用网络服务实施侵权行为的,权利人有权通知网络服务提供者采取删除、屏蔽、断开链接等必要措施。

行政方面。如《中华人民共和国治安管理处罚法》第二十五条规定,散布谣言,谎报险情、疫情、警情或者以其他方法故意扰乱公共秩序的;扬言实施放火、爆炸、投放危险物质扰乱公共秩序的,处五日以上十日以下拘留,可以并处五百元以下罚款,情节较轻的,处五日以下拘留或者五百元以下罚款。

刑事方面。如《中华人民共和国刑法》第二百九十一条之一规定了编造、故意传播虚假信息罪。编造虚假的险情、疫情、灾情、警情,在信息网络或者其他媒体上传播,或者明知是上述虚假信息,故意在信息网络或者其他媒体上传播,严重扰乱社会秩序的,处三年以下有期徒刑、拘役或者管制;造成严重后果的,处三年以上七年以下有期徒刑。

法条在线

《中华人民共和国刑法》第二百八十五条第一款

【非法侵入计算机信息系统罪】违反国家规定,侵入国家事务、国防建设、尖端科学技术领域的计算机信息系统的,处三年以下有期徒刑或者拘役。

《中华人民共和国个人信息保护法》第十条

任何组织、个人不得非法收集、使用、加工、传输他人个人信息,不得非法买卖、提供或者公开他人个人信息;不得从事危害国家安全、公共利益的个人信息处理活动。

《中华人民共和国个人信息保护法》第二十六条

在公共场所安装图像采集、个人身份识别设备,应当为维护公共安全所必需,遵守国家有关规定,并设置显著的提示标识。所收集的个人图像、身份识别信息只能用于维护公共安全的目的,不得用于其他目的;取得个人单独同意的除外。

《中华人民共和国网络安全法》第二十七条

任何个人和组织不得从事非法侵入他人网络、干扰他人网络正常功能、窃取网络数据等危害网络安全的活动;不得提供专门用于从事侵入网络、干扰网络正常功能及防护措施、窃取网络数据等危害网络安全活动的程序、工具;明知他人从事危害网络安全的活动的,不得为其提供技术支持、广告推广、支付结算等帮助。

《中华人民共和国刑法》第二百五十三条之一

【侵犯公民个人信息罪】违反国家有关规定,向他人出售或者提供公民个人信息,情节严重的,处三年以下有期徒刑或者拘役,并处或者单处罚金;情节特别严重的,处三年以上七年以下有期徒刑,并处罚金。

违反国家有关规定,将在履行职责或者提供服务过程中获得的公民个人信息,出售或者提供给他人的,依照前款的规定从重处罚。

窃取或者以其他方法非法获取公民个人信息的,依照第一款的规定处罚。

单位犯前三款罪的,对单位判处罚金,并对其直接负责的主管人员和其他直接责任人员,依照各该款的规定处罚。

案例分析

一、请同学们结合所学内容分析下列问题

> 案例1中，王某的行为是否构成侵犯公民个人信息罪？为什么？

> 案例2中，李某需要为自己的行为承担刑事责任吗？为什么？

二、法官解析

案例1中，王某窃取公民个人信息、侵入他人计算机信息系统的行为同时符合侵犯公民个人信息罪与非法获取计算机信息系统数据罪的犯罪构成要件，但从只有一个犯罪行为，却构成两种犯罪的角度考量，应当从一重罪即非法获取计算机信息系统数据罪处罚。因此，王某的行为构成非法获取计算机信息系统数据、非法控制计算机信息系统罪。

案例2中，李某通过网络编造、传播的哈尔滨火车站有炸弹之虚假恐怖信息，造成人员密集场所秩序混乱，导致多方职能部门采取紧急疏散措施，其行为严重扰乱了社会秩序，构成编造、故意传播虚假恐怖信息罪的入罪条件。李某还多次编造、故意传播其他虚假恐怖信息，但因这些虚假恐怖信息尚未严重扰乱社会秩序，故酌定未对李某从重处罚。法院最终认定李某犯编造、故意传播虚假恐怖信息罪，判处有期徒刑一年。

探究平台

蒋某某酒后无聊，在网络上看见某县四中学生被杀的帖文后，将该信息中"某县"改成"某市"，并在两个微信群中发送修改后的信息。该信息随后被900余个微信群转发传播。某市四海中学，简称四中，该校学生的家长得知该信息后，纷纷打电话或者直接到学校询问，严重影响了学校的正常教学和工作秩序，因此条信息，接送学生的家长比平时明显增多，造成学校附近交通秩序混乱。

请同学们结合所学知识分析本案例中蒋某某存在哪些违法行为。

蒋某某编造虚假信息，在网络上传播，严重扰乱社会秩序，其行为触犯了《中华人民共和国刑法》第二百九十一条之一相关规定，犯罪事实清楚，证据确实充分。为打击犯罪，维护社会秩序，法院认定蒋某某犯编造、故意传播虚假信息罪，判处有期徒刑一年。

校场练兵

1. 某日,在某中职学校读书的小明在QQ上收到一个陌生人的信息。发信息者称通过其提供的软件可以进入某酒店的计算机网络,如果小明下载该软件并按指令进入该酒店的计算机网络,将获得的用户个人信息发送到指定的邮箱就可获得不菲的报酬。

如果你是小明,你会_____

_____

如果小明按照陌生人的要求去做,小明的行为会_____

_____

2. 某日,小王所在的某市发生了一起交通事故。小王在未核实该交通事故真实死亡人数的情况下,将涉及该起交通事故的文字、图片和视频进行组编,并在几个微信群、论坛发布标题为"某市发生重大交通事故"的信息。信息的大致意思是某市发生特大交通事故,司机当场死亡,乘客死亡13人,其中学生6人。随后该信息被多个微信群转发传播。实际上,事故中3人死亡,23人不同程度受伤。

如果你在微信群中看到这种信息,你会_____

_____

小王的这种行为将会构成_____

_____

法官提醒

网络空间从来不是法外之地。任何人违法违规发布信息危害社会,扰乱正常社会秩序,都必将受到法律的惩处,情节严重的,将被依法追究刑事责任。

在使用网络的时候应自觉做到:

1. 遵守国家法律法规,加强自身修养,文明发言,绝不发表有辱国家尊严、扰乱社会秩序和侵犯他人合法权益的言论。

2. 宣传科学理论,传播先进文化,弘扬社会正气。

3. 拒绝使用粗言秽语,拒绝在网络上发表不正当言论,做到交流文明、用语文明,自觉维护网络环境。

4. 理性思考,明辨是非。拒绝利用网络传播虚假信息,检举并坚决制止网络中的不法言论。对无中生有、歪曲事实、造谣诽谤的帖子,坚持不跟帖、不转帖。

5. 学习网络安全知识,提高自我保护意识,谨防黑客、病毒、网络欺诈等。

6. 绿色上网,文明上网。增强自律自爱意识,拒绝访问淫秽、色情、暴力、赌博等内容不健康的信息网站。

学习感悟

1. 通过学习基础知识,我了解了_____
2. 通过学习本课的案例,我学会了_____,提高了_____
3. 通过"校场练兵"和"法官提醒",我需要注意_____

法治广角

当心!"有偿删帖"会涉嫌违法犯罪(节选)

吴学安

网络删帖不仅妨碍了公民的表达自由,还涉嫌侵害公民的知情权、著作权。专业删帖还删除了公共信息的安全性、中立性及无偿性,甚至可能触犯刑法。

大数据时代,一些网络黑手从中找到了"商机",造谣诽谤、敲诈勒索、有偿删帖"三步走",形成了一条非法获利的黑色利益链。随着互联网技术飞速发展,商家的商誉评价从消费者的口口相传转变为点对面的网络传播。如今,网络已成为消费者声讨不法商家新的舆论平台。基于曾经"被骗"、同情"被骗"、痛恨"被骗"的心理,网民对不法商家的欺诈行为普遍存在"人人得而诛之"的心态,顶帖、评论、转载,毫不含糊,令商家望而生畏。

互联网行业迅速发展,催生出系列灰色产业链,网络水军的崛起,更让一批"职业删帖"公司长盛不衰。这种删帖存在一条灰色利益链,企业给删帖公司好处,删帖公司又拿好处给删帖人,而删帖人一般供职于网站。我国刑法第一百六十三条规定,公司、企业的工作人员利用职务上的便利,索取他人财物或者非法收受他人财物,为他人谋取利益,涉嫌构成非国家工作人员受贿罪。由此言之,无论删帖人还是删帖公司,乃至于行贿的企业,都有可能触犯刑法。

网络为每一个公民都提供了更为便捷的监督渠道。如果"删帖公司"泛滥，这种合法的监督权就会被严重破坏。然而，时下网络删帖大行其道，愈演愈烈，甚至已经演变为一种利益巨大的产业化经营。有权威报告指出，目前国内网络公关整体市场规模已超过40亿元人民币。而在这一数字中，很大一部分就是由网络删帖贡献的。网络删帖火爆，提出了一个网络规范的问题。不管是发帖者或删帖者，都要通过正当的审核程序。相关部门理应尽快制定出相关法规，有效保障公民的正当权益。

——《人民法院报》，2023年4月4日

第六课 公共安全警钟长鸣

点击案例

案例1 2022年12月28日,某市的3路公交车将行驶至三合家园站,乘客郭某打算在此下车,但当驾驶员张某询问是否有人下车时,无人回答,公交车就没有在该站点停靠而是继续行进。随后郭某要求下车,张某称车已过站只能在下一站停车,郭某因张某未满足其要求而不悦,一边辱骂张某一边拽张某的头发,导致张某无法集中注意力开车,公交车失控后撞到路边停放着的一辆轿车。

案例2 张某是某县一废胶综合利用厂生产经营活动的直接负责人,在未给工人配备防护面具和未对工人进行必要的安全生产教育培训的情况下,即组织工人进行生产经营活动。因工厂未经环评审批,2021年12月3日,该县环保行政部门对该厂作出行政处罚决定,要求该厂立即停止擅自新建的橡胶炼油生产线的生产,但张某仍然组织生产经营活动。2022年2月14日下午,该厂工人项某未采取任何安全防护措施,即进入新建的橡胶炼油生产线的3号炼油锅炉房作业,在对锅炉底部管道的裂缝进行电焊修补时,因硫化氢等气体中毒昏迷……该事故最终造成项某等2人死亡。

1. 案例1中郭某的行为具有什么社会危害性?
2. 案例2中张某的行为是否构成犯罪?

知识导航

一、公共安全概述

无危为安，无损为全。公共安全是指社会群体和个体正常生产、生活和工作的必要秩序状态，是不特定多数人生命财产维持安全的状态，是人类社会运行的基本要求。公共安全是经济和社会发展中的一个重大问题，尤其在经济大发展和社会转型的当前，公共安全影响因素众多，维护公共安全责任重大。

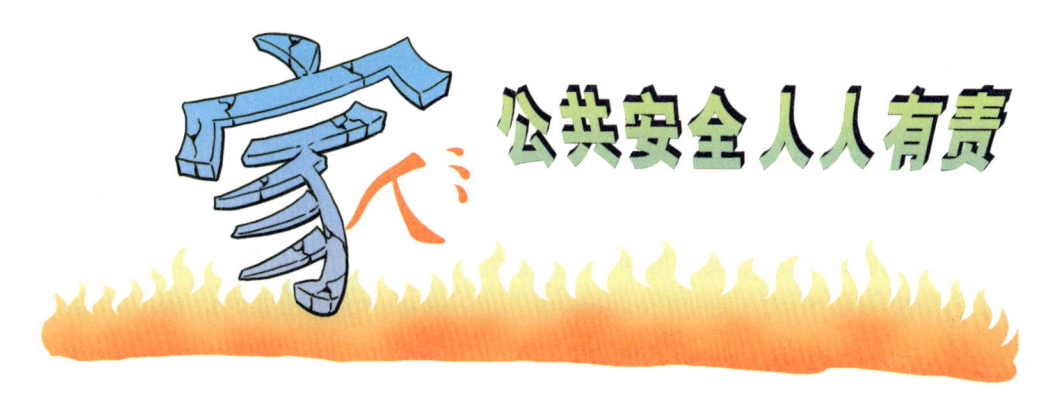

公共安全人人有责

公共安全与我们每个人的生活密切相关。我们要加强安全防范意识，一方面要遵守各类安全规则，另一方面要学会在突发性事故中保护自己。我们每个人都应为安全生产和幸福生活贡献自己的力量。

二、公共安全影响因素

公共安全影响因素众多，根据性质不同，可将其分为公共卫生事件、突发社会事件等四类。事故灾难通常发生在日常生产与生活中，我们要重点警惕和预防。

自然灾害	指地震、滑坡、塌陷、泥石流、旱灾、暴雨、洪涝、雪灾、寒潮、沙尘暴、海啸等
事故灾难	指各类生产安全事故、交通运输事故、公共设施和设备事故、群众性活动安全事件
公共卫生事件	指传染病疫情、群体性不明原因疾病、食品安全和职业危害、动物疫情以及其他严重影响公众健康和生命安全的事件
突发社会事件	指恐怖袭击事件、动乱、重大刑事案件、涉外突发事件以及其他规模较大的群体性突发事件

三、危害公共安全罪

故意或者过失地危害或者足以危害不特定多数人的生命、健康或者重大公私财产安全以及其他公共利益的行为,可构成危害公共安全罪。危害公共安全行为影响社会的安定。根据犯罪构成要件,危害公共安全罪具有以下四个方面的特征:

(一)犯罪客体是公共安全

刑法中的公共安全通常指不特定多数人的生命、健康和重大公私财产以及其他公共利益的安全。不特定主要是指行为人的危害行为侵害或者可能侵害的犯罪对象和造成或可能造成的危害结果事先无法确定,行为人对此无法预料也难以控制。

如私设电网的行为,侵害的不是某个特定对象,而是不特定多数人的生命、健康安全。有关法律法规明令禁止单位、个人未经有关部门批准擅自架设电网,违反规定造成严重后果的,责任人要被依法追究法律责任。

(二)犯罪主体包括一般主体和特殊主体

一般主体是指达到刑事责任年龄,具备刑事责任能力,实施了危害公共安全的行为,依法应当承担刑事责任的自然人。如交通肇事罪、以危险方法危害公共安全罪等,自然人即可成为该类犯罪的犯罪主体。特殊主体是指犯罪主体具有某种特殊身份。如重大劳动安全事故罪,工程重大安全事故罪,不报、谎报安全事故罪等的犯罪主体都是特殊主体。

(三)犯罪客观方面表现为危害公共安全的行为

行为人必须实施了危害公共安全的行为,才能构成危害公共安全罪。《中华人民共和国刑法》第二编第二章专门对危害公共安全罪的行为进行了规定。这些行为中,有些是要造成危害公共安全的实际结果才能构成犯罪,如重大劳动安全事故罪;有些是只要对公共安全构成现实的危险状态,即使尚未发生严重后果,也构成犯罪,如以危险方法危害公共安全罪;有些是只要行为人实施了刑法所规定的危害公共安全的行为,即构成犯罪,如投放危险物质罪。

随着生活水平的提高,轿车已逐渐进入百姓家庭,驾驶技术也成为人们的一项基本生活技能。机动车驾驶人应当遵守道路交通安全法律、法规,安全驾驶,文明驾驶。生活中,机动车驾驶人危害公共安全的案件时有发生。如果违反道路交通安全法律、法规,在道路上追逐竞驶达到情节恶劣的程度,或者醉酒驾驶,将会构成危险驾驶罪。追逐竞驶和醉酒驾驶就是危害交通运输正常秩序和交通运输安全的行为。如果行为人故意发泄个人情绪,在道路上故意驾车冲撞行人和道路设施,造成他人伤亡,则构成以危险方法危害公共安全罪。如2021年5月大连刘某撞人逃逸案、2023年1月广州温某车祸案都严重危害了公共安全。

(四)犯罪主观方面包括故意和过失

根据具体罪过形式,危害公共安全罪可以分为三类:第一类是只由故意构成的犯罪;第二类是只由过失构成的犯罪;第三类是既可以由故意,也可以由过失构成的犯罪。

生产经营过程中,危害公共安全的犯罪,大多数是由过失构成的,如重大责任事故罪、工程重大安全事故罪、强令他人违章冒险作业罪、重大劳动安全事故罪、消防责任事故罪等。

四、高空抛物罪

(一)高空抛物罪的概念

高空抛物,被人们称为"悬在城市上空的痛"。随着高空抛物事件的频发,人员伤亡、财产损失的数量在不断增加。为了保障公民"头顶上的安全",《中华人民共和国刑法修正案(十一)》新增了"高空抛物罪"的罪名。高空抛物罪是指从建筑物或者其他高空抛掷物品,情节严重构成犯罪。

(二)认定高空抛物罪的标准

1.高空抛物罪的犯罪客体是扰乱公共秩序和侵犯不特定人的生命、健康与财产。

2.高空抛物罪的客观方面是从建筑物或者其他高空抛掷物品,情节严重的行为。该罪的重点在于抛掷物品的地方、抛掷的物品、情节严重的认定。抛掷物品的地方称为"高空",可以理解为离地面有一定高度的地方;抛掷的物品既包括普通物品也包括危险物品,对物品的重量与体积没有限定;情节严重,即可以根据行为人所抛掷物品的数量、重量、危险程度,抛掷物品的高度,物品坠落场所的人员、财物现状,以及行为的次数,造成的结果等进行综合判断。

3.高空抛物罪的犯罪主体是年满十六周岁具有刑事责任能力的自然人。

4.高空抛物罪的主观方面是故意,是指明知自己从建筑物或者其他高空抛掷物品会扰乱公共秩序和侵犯不特定人的生命、健康与财产而故意为之。

2020年5月24日,徐某某(家住三楼)与王某某因言语不和发生争执,徐某某一时激动,从厨房拿出一把菜刀,王某某见状上前夺刀未果,徐某某将菜刀抛掷至楼下公共租赁房附近。楼下居民发觉后向楼上质问，徐某某听到质问声后，又去厨房拿第二把菜刀，王某某再次上前夺刀未果，徐某某又将第二把菜刀抛掷至楼下公共租赁房附近，楼下居民见状报警。2021年3月1日，法院经审理后认为，被告人徐某某高空抛物行为虽未造成人身伤害或重大财产损失的严重后果，但其从建筑物抛掷物品行为已经构成高空抛物罪，依据《中华人民共和国刑法》第二百九十一条之二第一款之规定，判决徐某某犯高空抛物罪，判处有期徒刑六个月，并处罚金2000元。

法条在线

《中华人民共和国刑法》第一百三十三条之一

【危险驾驶罪】在道路上驾驶机动车，有下列情形之一的，处拘役，并处罚金：

（一）追逐竞驶，情节恶劣的；

（二）醉酒驾驶机动车的；

（三）从事校车业务或者旅客运输，严重超过额定乘员载客，或者严重超过规定时速行驶的；

（四）违反危险化学品安全管理规定运输危险化学品，危及公共安全的。

机动车所有人、管理人对前款第三项、第四项行为负有直接责任的，依照前款的规定处罚。

有前两款行为，同时构成其他犯罪的，依照处罚较重的规定定罪处罚。

《中华人民共和国刑法》第一百三十五条

【重大劳动安全事故罪】安全生产设施或者安全生产条件不符合国家规定，因而发生重大伤亡事故或者造成其他严重后果的，对直接负责的主管人员和其他直接责任人员，处三年以下有期徒刑或者拘役；情节特别恶劣的，处三年以上七年以下有期徒刑。

《中华人民共和国刑法》第二百九十一条之二

【高空抛物罪】从建筑物或者其他高空抛掷物品,情节严重的,处一年以下有期徒刑、拘役或者管制,并处或者单处罚金。

有前款行为,同时构成其他犯罪的,依照处罚较重的规定定罪处罚。

案例分析

一、请同学们结合所学内容分析下列问题

> 案例1中,郭某的行为是否构成犯罪?

> 案例2中,张某有哪些严重违法行为?

二、法官解析

案例1中,郭某对正在驾驶公交车的张某进行打骂,严重妨碍了张某的正常驾驶,致使公交车失控后撞到路边停放的轿车。郭某的行为不仅危害公交车上驾乘人员的生命安全,还对公交车行驶过程中周围不特定人群的生命和财产安全构成威胁,虽然最后未造成严重后果,但其行为已经构

成以危险方法危害公共安全罪。

一段时间以来,在公共交通工具上抢夺方向盘、殴打驾驶人员等妨害安全驾驶的行为时有发生,严重威胁道路交通安全,有的还造成重大人员伤亡和财产损失。特别是2018年重庆万州"10·28"公交车坠江事故发生后,公交车安全引起全社会广泛关注。

为回应社会关注,2020年修正的《中华人民共和国刑法》第一百三十三条之二规定,对行驶中的公共交通工具的驾驶人员使用暴力或者抢控驾驶操纵装置,干扰公共交通工具正常行驶,危及公共安全的,以妨害安全驾驶罪处罚。

案例2中,张某的行为不仅违法,还构成重大劳动安全事故罪。从犯罪构成要件来看,重大劳动安全事故罪的犯罪客体是劳动安全制度和劳动者的人身安全;犯罪客观方面表现为安全生产设施或者安全生产条件不符合国家相关规定,因而发生重大伤亡事故;犯罪主体是排除事故隐患、防止事故发生的直接责任人员;犯罪主观方面表现为过失。张某作为直接负责废胶综合利用厂生产经营活动的主管人员,在未经环评审批的情况下,在未对生产、作业人员进行安全生产教育和未向生产、作业人员提供必要的劳动防护用品,生产、作业人员劳动安全无保障的情况下,擅自组织生产线进行违法生产,造成2人死亡的重大伤亡事故,其行为已触犯刑法,构成重大劳动安全事故罪,且情节特别恶劣,依法应受处罚。该案中,情节特别恶劣表现为未经环评审批,且县环保行政部门已对该厂作出行政处罚决定,要求该厂立即停止擅自新建的橡胶炼油生产线的生产,但张某仍然组织生产工人进行生产,且未向生产、作业人员提供必要的劳动安全防护措施。

探究平台

田某,因长期收听境外反华媒体广播节目,经常浏览境外大量有害政治信息,逐渐形成反动思想。2016年1月,田某开通境外社交媒体账号,开始同境外反华敌对势力人员进行互动,接受所谓"民主宪政"的理论,反动思想日渐顽固。

后来,田某经境外反华媒体记者引荐,成为某西方知名媒体北京分社实习记者,并接受多个境外反华敌对媒体邀请担任驻京记者。在此期间,田某大量接收活动经费,介入炒作多起热点敏感事件,累计向境外提供反动宣传素材3000余份,刊发署名文章500余篇。

在境外势力的蛊惑教唆下,田某于2018年创办了一个境外反动网站,大肆传播各类反动信息和政治谣言,对我国进行恶毒攻击。2019年4月,田某受境外反华媒体人邀请秘密赴西方某国,同境外20余个敌对组织接触,同时接受该国10余名官员直接问询和具体指令,秘密搜集提供污蔑抹黑我国的所谓"证据"。

田某与境外反华组织接触开展的一系列渗透活动,严重危害了我国政治安全。国家安全机关通过严密侦查,于2019年6月依法将田某抓捕归案,及时斩断了境外反华敌对势力的犯罪触手。2020年11月,法院对此案进行了审理,对田某以危害国家安全罪进行处罚。

请从安全获取网络信息、保持高度思想警惕等方面分析该案件对我们的警示作用。

国家安全是民族复兴的根基。国家安全是指国家政权、主权、统一和领土完整、人民福祉、经济社会可持续发展和国家其他重大利益相对处于没有危险和不受内外威胁的状态,以及保障持续安全状态的能力。我国国家安全主要包括政治安全、国土安全、军事安全、经济安全、文化安全、社会安全、科技安全、网络安全、生态安全、资源安全、核安全、海外利益安全、太空安全、深海安全、极地安全和生物安全等领域。

每一个公民都必须树立国家安全观,提升维护国家安全"人人有责、人人尽责"的责任意识。

校场练兵

1.2018 年 10 月 28 日,乘客刘某因错过下车站点,与正在驾驶公交车的驾驶员冉某发生争吵,并两次持手机攻击冉某。冉某遭遇攻击后,右手放开方向盘还击刘某,后又用右手隔挡刘某的攻击,并与刘某抓扯。两人的互殴行为造成公交车失控,致使公交车与对向正常行驶的小轿车撞击后坠江,导致多人遇难。

维护公共交通安全人人有责,我们应该_____

_____

2.2014 年 12 月 31 日 23 时 35 分,正值跨年,很多游客和市民聚集在上海外滩喜迎新年。外滩陈毅广场东南角通往黄浦江观景平台的人行通道阶梯底部有人因失衡跌倒,继而引发多人摔倒、叠压,致使发生拥挤踩踏事件,造成人员伤亡。

参加大型群众性活动,应该注意哪些方面?你的观点是_____

_____

法官提醒

1.国家非常重视保护劳动者的安全和健康,颁布了一系列规范安全技术和劳动卫生的法律法规。在生产过程中,我们应时刻谨记劳动安全,遵守相关行业安全生产的规定,不进行违规违章操作,也不强令他人违规违章作业,永远把安全生产放在首位。

2.宾馆、商场、银行、车站、娱乐场所等公共场所的管理者或者群众性活动的组织者,未尽到安全保障义务,造成他人损害的,应当承担侵权责任。

3.参加大型群众性活动的人员应当遵守法律、法规和社会公德,不得妨碍社会治安、影响社会秩序;不得携带爆炸性、易燃性、放射性、毒害性、腐蚀性等危险物质或者非法携带枪支、弹药、管制器具;不得展示侮辱性标语、条幅等物品;不得围攻裁判员、运动员或者其他工作人员;不得投掷杂物。

4.对正在进行的妨害安全驾驶的违法犯罪行为,乘客等人员有权采取措施予以制止。制止行为造成违法犯罪行为人损害,符合法定条件的,应当认定为正当防卫。

学习感悟

1. 通过学习基础知识,我了解了＿＿＿＿＿＿＿＿＿＿＿＿＿＿＿＿＿＿
2. 通过学习本课的案例,我学会了＿＿＿＿＿＿＿＿,提高了＿＿＿＿＿＿＿
3. 通过"校场练兵"和"法官提醒",我需要注意＿＿＿＿＿＿＿＿＿＿＿＿

法治广角

高速"霸道"求爱,想过公共安全吗?(节选)

苏亚江

为赢回女友芳心,竟然把汽车停在高速公路超车道上,并下车躺在高速路面上,还以事故为由报警,交警赶到后,仍不忘让交警拍照发给其女友,称"我死了不要紧,只要她肯回心"。12月19日在沪杭高速公路上,上演了这样一出荒唐的求爱闹剧。

笔者认为,事件的核心不在于求爱者这么做值不值得,而在于不能为了自己求爱,用别人的生命安全去"埋单"。

高速公路是极其危险的场所,为了保证车辆人员安全,不仅设置了隔离带、隔离栏杆、停车带等安全设施,还有详细的法律规定。《中华人民共和国道路交通安全法》第六十八条规定:"机动车在高速公路上发生故障时,应当依照本法第五十二条的有关规定办理;但是,警告标志应当设置在故障车来车方向一百五十米以外,车上人员应当迅速转移到右侧路肩上或者应急车道内,并且迅速报警。"《中华人民共和国道路交通安全法实施条例》第八十二条规定了机动车在高速公

路上行驶时的禁止行为，其中第一项就是不得倒车、逆行、穿越中央分隔带掉头或者在车道内停车。

　　事件中的求爱者，违反上述法律、法规的规定，公然将行驶正常的车辆停在超车道上并下车躺下。即便当时其设置了安全警示标志，但在超车道上停车，危险性也是极高的；若没有设置安全警示标志，更是随时都可能让其性命不保，还会让后来者瞬间车毁人亡。他表达的不是爱，而是霸道。这不是在用自己的生命求爱，而是用别人的生命安全为其求爱"埋单"。应该庆幸高速交警的及时制止，否则可能酿成大祸。这位求爱者将会因其违法行为而受到应有的处罚。

　　对于成年人来说，示爱和求爱本应是相对隐私的行为，但是随着社会的发展、网络的发达，人们在求爱过程中，越来越期待有一种气氛的烘托、公众的见证，这样似乎更显其爱得热烈，这倒也无可厚非。求爱方式五花八门甚至另类别出，有人喜欢温情的表达，有人热衷刺激的呈现，这也是因人而异，群众"吃瓜"就行。但是，不管如何，都不能突破法律的界限，道德、伦理的底线，否则求来的不是爱，而是法律的处罚和社会的谴责。

——《检察日报》，2018年12月26日

第四单元

违法犯罪要远离

习语金句

★我们要坚持走中国特色社会主义法治道路，建设中国特色社会主义法治体系、建设社会主义法治国家，围绕保障和促进社会公平正义，坚持依法治国、依法执政、依法行政共同推进，坚持法治国家、法治政府、法治社会一体建设，全面推进科学立法、严格执法、公正司法、全民守法，全面推进国家各方面工作法治化。

——2022年10月16日习近平在中国共产党第二十次全国代表大会上的报告

第七课　盗抢帮信不可为

点击案例

案例 1　曾某某，男，十六周岁，就读于某职业学校。2022年秋季，曾某某被学校派往本市某工厂实习，住员工宿舍。2022年11月13日凌晨3点，曾某某盗窃同寝室冉某、王某某、胡某某的三部正在充电的手机。随后将手机售卖，获人民币500元，用于个人消费。

第二天，失主到工厂所在地公安机关报案。随后公安机关因曾某某犯盗窃罪将其抓获。经该市发展和改革委员会价格认证中心鉴定，三部手机价值共计人民币3290元。

案例 2　黄某某，男，十六周岁，就读于某职业学校。2022年12月13日，黄某某在学校附近广场蓄意抢夺他人手机。当日下午2时许，黄某某看到一女士独自一人边走路边看手机视频，遂尾随在其身后，并趁其不备将其手机抢走，后迅速逃离现场并将手机出售。2022年12月31日，黄某某因犯抢夺罪被公安机关抓获。经该市发展和改革委员会价格认证中心鉴定，涉案手机价值人民币3420元。

1. 曾某某盗窃三部手机的行为为什么构成盗窃罪？
2. 黄某某抢夺手机的行为为什么构成抢夺罪？

知识导航

一、盗窃罪

(一)盗窃罪的概念

盗窃罪,是指以非法占有为目的,窃取公私财物数额较大或者多次盗窃、入户盗窃、携带凶器盗窃、扒窃的行为构成犯罪。盗窃案在任何国家都有较高的发案率,在我国各类刑事案件中,盗窃案数量位居前列。

(二)认定盗窃罪的标准

刑法认定犯罪的标准即犯罪构成,包括犯罪客体、犯罪客观方面、犯罪主体、犯罪主观方面。

1.盗窃罪的犯罪客体是公私财物的所有权。犯罪对象是动产,包括有体物和无体物及财产性利益。根据我国刑法的规定,盗窃罪的犯罪对象不仅仅限于数额较大的财物。换言之,即使是数额较小的财物,如果是刑法保护的对象,也能成为盗窃罪的犯罪对象。例如,入户盗窃他人具有纪念意义的照片的,扒窃他人银行卡、身份证的,也构成盗窃罪。另外,盗窃违禁品(如毒品)等也同样会构成盗窃罪。

2.盗窃罪的客观方面表现为窃取他人占有的数额较大的财物,或者多次盗窃、入户盗窃、携带凶器盗窃、扒窃的行为。

(1)盗窃罪的行为是窃取他人占有的财物。窃取是指违反被害人的意志,将被害人占有的财物转移为自己或第三者占有。

（2）窃取公私财物数额较大，或者多次盗窃、入户盗窃、携带凶器盗窃、扒窃的，构成盗窃罪。前一种是普通盗窃，后四种是特殊盗窃。两年内盗窃三次以上的，应当认定为"多次盗窃"。非法进入供他人家庭生活，与外界相对隔离的住所盗窃的，应当认定为"入户盗窃"。携带枪支、爆炸物、管制刀具等国家禁止个人携带的器械盗窃，或者为了实施违法犯罪携带其他足以危害他人人身安全的器械盗窃的，应当认定为"携带凶器盗窃"。在公共场所或者公共交通工具上盗窃他人随身携带的财物的，应当认定为"扒窃"。

3.盗窃罪的犯罪主体，是年满十六周岁具备刑事责任能力的人。中国司法大数据研究院统计数据显示，盗窃罪位居未成年人犯罪首位，十六至十七周岁的未成年人最易犯盗窃罪。其中，十七周岁未成年人涉案最多，十六周岁未成年人涉案位居第二。所以预防未成年人犯罪责任重大，学校、家庭、社会责无旁贷。

4.盗窃罪的主观方面限于直接故意，并且有非法占有公私财物的目的。所谓直接故意，是指行为人明知自己的行为会导致他人公私财物损害的结果，但还是积极追求这种结果发生的心理态度。所谓非法占有目的，是指行为人通过刑法所禁止的手段排除权利人对所有财物的实际掌握和控制，自己占有该财物并进行支配，并遵从财物的用途进行利用、处分的意思。因此非法占有目的由"排除意思"与"利用意思"构成，前者重视法的层面，后者重视经济的层面。

二、抢夺罪

(一)抢夺罪的概念

抢夺罪指公然夺取数额较大的公私财物或者多次抢夺的行为构成犯罪。

(二)认定抢夺罪的标准

1.抢夺罪的犯罪客体是公私财物的所有权,犯罪对象只能是他人占有的动产。

2.抢夺罪的客观方面表现为公然夺取数额较大的公私财物或多次抢夺的行为。例如,趁被害人不备而突然夺财物,制造他人不能夺回财物的机会而强力快速夺取。抢夺的特点包括:行为人趁被害人不备夺财;行为人明知被害人会发现自己的行为还为之;行为人的行为快速;行为对财物施加物理强制力,但对被害人人身未施加暴力。

3.抢夺罪的犯罪主体是年满十六周岁且具备刑事责任能力的自然人。

4.抢夺罪的主观方面是行为人具有直接故意,并且具有非法占有公私财物的目的。

三、抢劫罪

(一)抢劫罪的概念

抢劫罪,是指以非法占有为目的,以暴力、威胁或者其他强制方法,当场强行劫取公私财物的行为构成犯罪。

(二)认定抢劫罪的标准

1.抢劫罪的犯罪客体是双重客

体,既侵犯公私财物的所有权,又侵犯被害人的人身权。犯罪对象是公私财物,且只能是动产。

2.抢劫罪的客观方面表现为使用暴力、威胁或者其他强制方法,强行当场劫取公私财物。暴力、威胁或者其他强制方法,是手段行为;强取公私财物,是目的行为。

3.抢劫罪的犯罪主体是年满十四周岁且具备刑事责任能力的自然人。

4.抢劫罪的主观方面只能是直接故意,并且以非法占有他人财物为目的。

四、帮助信息网络犯罪活动罪

（一）帮助信息网络犯罪活动罪的概念

帮助信息网络犯罪活动罪,简称帮信罪,指行为人明知他人利用信息网络实施犯罪,仍然为其犯罪提供互联网接入、服务器托管、网络存储、通信传输等技术支持,或者提供广告推广、支付结算等帮助的情节严重的犯罪行为构成犯罪。简单地说,帮信罪就是行为人明知他人利用信息网络实施电信诈骗犯罪,还为其犯罪提供帮助的犯罪行为。近年来,涉嫌帮信犯罪案件数量上涨较快,在我国仅位列危险驾驶罪、盗窃罪之后,成为排名第三的罪名。

（二）认定帮助信息网络犯罪活动罪的标准

1.帮助信息网络犯罪活动罪的犯罪客体是扰乱公共秩序和侵犯他人财产权。

2.帮助信息网络犯罪活动罪的客观方面主要表现为上游犯罪即信息网络犯罪的人提供银行卡、电话卡、微信以及支付宝账号等帮助;情节严重的行为有,上游犯罪的人即信息网络犯罪的人将通过信息网络实施电信诈骗取得的资金汇入帮信罪嫌疑人的账号,然后立即将这些资金通过转账、网购等方式转入其他账户,从而把一笔笔赃款洗白成正常资金,最后转移到犯罪分子的账户里。

3.帮助信息网络犯罪活动罪的犯罪主体是自然人和单位。自然人犯罪中网络技术人员、大学生占比较大,他们往往系初犯,没有犯罪前科。

4.帮助信息网络犯罪活动罪的主观方面是故意,即明知他人实施信息网络犯罪而仍然为其提供帮助。

同学们一定要增强辨别与防范意识,不要成为信息网络犯罪活动罪的帮凶。

法条在线

《中华人民共和国刑法》第二百六十三条

【抢劫罪】以暴力、胁迫或者其他方法抢劫公私财物的,处三年以上十年以下有期徒刑,并处罚金;有下列情形之一的,处十年以上有期徒刑、无期徒刑或者死刑,并处罚金或者没收财产:

(一)入户抢劫的;
(二)在公共交通工具上抢劫的;
(三)抢劫银行或者其他金融机构的;
(四)多次抢劫或者抢劫数额巨大的;
(五)抢劫致人重伤、死亡的;
(六)冒充军警人员抢劫的;
(七)持枪抢劫的;
(八)抢劫军用物资或者抢险、救灾、救济物资的。

《中华人民共和国刑法》第二百六十四条

【盗窃罪】盗窃公私财物,数额较大的,或者多次盗窃、入户盗窃、携带凶器盗窃、扒窃的,处三年以下有期徒刑、拘役或者管制,并处或者单处罚金;数额巨大或者有其他严重情节的,处三年以上十年以下有期徒刑,并处罚金;数额特别巨大或者有其他特别严重情节的,处十年以上有期徒刑或者无期徒刑,并处罚金或者没收财产。

《中华人民共和国刑法》第二百六十七条

【抢夺罪】抢夺公私财物,数额较大的,或者多次抢夺的,处三年以下有期徒刑、拘役或者管制,并处或者单处罚金;数额巨大或者有其他严重情节的,处三年以上十年以下有期徒刑,并处罚金;数额特别巨大或者有其他特别严重情节的,处十年以上有期徒刑或者无期徒刑,并处罚金或者没收财产。

【抢劫罪】携带凶器抢夺的,依照本法第二百六十三条的规定定罪处罚。

第四单元　违法犯罪要远离

《中华人民共和国刑法》第二百八十七条之二

【帮助信息网络犯罪活动罪】明知他人利用信息网络实施犯罪,为其犯罪提供互联网接入、服务器托管、网络存储、通讯传输等技术支持,或者提供广告推广、支付结算等帮助,情节严重的,处三年以下有期徒刑或者拘役,并处或者单处罚金。

单位犯前款罪的,对单位判处罚金,并对其直接负责的主管人员和其他直接责任人员,依照第一款的规定处罚。

有前两款行为,同时构成其他犯罪的,依照处罚较重的规定定罪处罚。

案例分析

一、请同学们结合所学内容分析下列问题

案例1中,假如曾某某盗窃的手机价值共1000元,那么曾某某的行为构成犯罪吗?为什么?

案例2中,如果黄某某抢夺的手机价值为1000元,那么黄某某的行为构成抢夺罪吗?为什么?

二、法官解析

案例1中,他人正在充电的手机是他人占有的财物,曾某某将其盗走侵犯了他人对财物的所有权,符合盗窃罪关于犯罪客体的要求。曾某某在夜深人静时盗取的三部手机,价值共计人民币3290元,达到盗窃罪数额较大的量刑标准,符

87

合盗窃罪客观方面的规定。曾某某年满十六周岁,达到刑事责任年龄,具备刑事责任能力,符合盗窃罪主体的相关规定。曾某某主观上出于故意,盗窃手机后将其售卖,具有非法占有的目的,符合盗窃罪主观方面的要求。法院通过审理,依据相关的书证、被害人的陈述、被告人的供述与辩解、价格认定鉴定意见、勘验和侦查笔录等证据材料,认定曾某某盗窃手机的行为构成盗窃罪,曾某某被依法追究刑事责任。假定曾某某盗窃的三部手机价值共计人民币1000元,其行为仍然可以构成盗窃罪,因为其盗窃三部手机的行为可以被认定为多次盗窃,是一种特殊盗窃行为。

案例2中,黄某某抢夺他人价值人民币3420元的手机,侵犯了他人的财物所有权,符合抢夺罪关于犯罪客体的要求。黄某某尾随边走路边玩手机的被害人,并趁其不备抢走手机,符合抢夺罪客观方面的要求。黄某某年满十六周岁,达到刑事责任年龄,具备刑事责任能力,满足抢夺罪犯罪主体的规定。黄某某主观上出于故意,抢夺手机后将其售卖,具有非法占有的目的,符合抢夺罪主观方面的规定。法院经过审理,依据相关的书证、被害人陈述、被告人的供述与辩解、价格认定鉴定意见、视听资料、勘验和检查笔录等证据材料,认定黄某某抢夺手机的行为构成抢夺罪,黄某某被依法追究刑事责任。如果黄某某抢夺的手机价值为人民币1000元,黄某某就不构成抢夺罪,因为在这种情形下黄某某的抢夺行为既没有达到数额较大的要求,也不符合多次抢夺的规定。当然,在这种情形下,黄某某的行为是违反治安管理处罚法的规定,也会受到法律的处罚。

探究平台

2019年6月左右，重庆市某区的戴某某为获利，通过网络联系他人，约定每张银行卡出租费用为每月800元，将本人的10张银行卡提供给他人用于网络违法犯罪转账。2020年5月至11月期间，戴某某为获取更多利益，先后介绍阮某、张某某出租多张银行卡给他人用于网络违法犯罪转账。截至案发，戴某某本人及阮某、张某某出租的上述银行卡，流入涉嫌网络诈骗的资金共计2.49亿元。

戴某某、阮某、张某某构成帮助信息网络犯罪活动罪吗？

法院一审认为，被告人戴某某、阮某、张某某明知他人利用信息网络实施犯罪，仍为他人犯罪提供支付结算帮助，情节严重，已构成帮助信息网络犯罪活动罪。戴某某介绍阮某、张某某出租银行卡并从中牟利，与阮某、张某某构成共同犯罪，应当对阮某、张某某的行为承担刑事责任。综合三个被告人的犯罪情节，法院以帮助信息网络犯罪活动罪分别判处戴某某、阮某、张某某两年至一年不等的有期徒刑，没收全部违法所得并处罚金。

校场练兵

某职业学校学生邹某，十七周岁。2022年2月至3月，邹某先后到某市一大型超市门口的脆皮玉米肠店，世茂摩天城商场可可柠檬奶茶店、湖东菜市场、长福菜市场、五星菜市场、洋下菜市场的某些店铺和摊位，通过调换商家收款二维码的方式非法盗取他人钱款。经公安机关调查，邹某非法获取人民币约7000元。

请问邹某调换商家收款二维码，非法收取钱款的行为构成犯罪吗？为什么？

法官提醒

1. 盗窃公私财物价值人民币1000元至3000元以上的,为数额较大,通常情况下构成盗窃罪。盗窃公私财物,具有下列情形之一的,"数额较大"的标准可以按照上述标准的50%确定:(1)曾因盗窃受过刑事处罚的;(2)一年内曾因盗窃受过行政处罚的;(3)组织、控制未成年人盗窃的;(4)自然灾害、事故灾害、社会安全事件等突发事件期间,在事件发生地盗窃的;(5)盗窃残疾人、孤寡老人、丧失劳动能力人的财物的;(6)在医院盗窃病人或者其亲友财物的;(7)盗窃救灾、抢险、防汛、优抚、扶贫、移民、救济款物的;(8)因盗窃造成严重后果的。

2. 学习盗窃罪、抢夺罪、抢劫罪和帮信罪相关法律知识,目的有二:一是自己不犯罪;二是预防被盗、被抢和被利用。预防方法主要有四点:一是挡,就是把罪犯挡在门外、窗外,增加目标物被盗、被抢的难度;二是增,就是增大罪犯犯罪行为被发现的可能,即增加其犯罪证据,电子报警器、电子摄像头等是较好的工具;三是少,即尽量减少罪犯可得的财物,出门少带钱与物;四是立,就是树立劳动创造财富,不劳动者不得食的观念,避免因认知错误被犯罪分子利用。

学习感悟

1. 通过学习基础知识,我了解了_____

2. 通过学习本课的案例,我学会了_____,提高了_____

3. 通过"校场练兵"和"法官提醒",我需要注意_____

法治广角

偷窃的孩子内心在寻找什么(节选)

汤 平

在《内在生命:精神分析与人格发展》一书中有这样一个例子,女孩克莉丝汀在十四岁时开始偷东西,最初偷的主要是母亲和祖母的东西,像结婚戒指、耳环、手表等,后来就开始偷钱。克莉丝汀拿这些钱去买成人的性感衣物招摇过市,后来,她自己也意识到行为的不端,开始找心理机构评估自己的行为。

克莉丝汀的故事不是个案,孩子们偷东西的现象在包括中国在内的世界各地普遍存在。这些孩子里,有的自己逐步意识到错误,不再犯;有的则是被发现经教育后,不再犯;而有的则可能越偷越大,走上违法的道路。

这些孩子最初是在怎样的心态下选择去偷的呢?这是很多家长或者孩子们自身都不大清楚的问题。以克莉丝汀为例,心理工作者发现,她很小的时候父亲就离开了,她和母亲相依为命,但是后来母亲的男友搬进了他们家住。于是,克莉丝汀意识到自己忽然之间要远离童年,放弃多年来专属自己的母亲的爱。所以,她的内心是焦虑不安的。在青春期,偷窃是常见的"行动化"(即情绪无法用言语表达,而采用行为来表达)模式,这个模式具有诸多的意义。克莉丝汀是在母亲的男友搬入后不久就开始偷窃的,这意味着她想要重新获得失去的东西。在这个案例中,克莉丝汀失去的是亲密的母女关系,所以她偷窃的大都是母亲的或者与女性相关的东西,这显示出她对于改变和长大、对于失去她目前所依赖的关系的焦虑。

其实偷窃行为最初的高发期是两岁到四岁,小孩会经常偷拿一些糖果、零钱或者母亲的东西,拿走吃掉或者藏起来。他并不知道自己为什么做这样的事情,假如硬逼着他说出理由,他就有可能变成一个会撒谎的小孩。

心理学家温尼克特认为,这个年龄段的孩子寻找的并不是他所拿的东西,而是在找一个人,找他的母亲,只不过他自己不知道罢了。在婴儿的眼里,他哭的时候母亲会来,他饿的时候母亲也会来,母亲就像被他创造出来一样出现在他需要她的时候。所以,偷窃就是为寻找这样的关系,寻找一个全心全意奉献给他、了解他,愿意主动配合他的需要的关系。所以,小孩认定自己有权利拿母亲的东西,也有权利拿他想拿的外界的其他东西。

健康的婴儿如果受到了母亲足够好的关注,他就会慢慢发现,母亲是独立于自己的,她首先属于她自己。当然这是个非常缓慢的认知过程。青春期的克莉丝汀,母亲男友的突然搬入,对于她就是个惊吓,她不确定母亲是否还属于自己,于是在这种巨大的情绪压力下偷窃就发生了。

所以,如果克莉丝汀的母亲能够明白自己孩子的内心到底发生了什么,给予孩子适度的关注,而不是一味地指责或者干脆无视、否认,那么孩子的问题是可以缓解甚至消除的。

如果青少年朋友自己遇到了这样的问题,先不要内疚和自责,可以试图和父母进行沟通,让父母能够理解自己和帮助自己,以免自己习惯性地用这种方式来处理自己对于情感的需要,最后被亲人误解,甚至被法律惩罚。

——《法制日报》,2018年1月21日

第八课 黄赌毒是禁区

点击案例

案例 李某等人为某直播平台"杉杉九户外"账号直播成员，2019年3月至2022年9月期间利用直播平台"粉丝福利社"抽奖模块，事前设置抽奖中奖金额及份数，组织直播间粉丝进行抽奖。李某等人在直播抽奖活动中通过"搏一搏单车变摩托"等大量煽动性语言鼓动直播间观众参与抽奖，并通过平台、微信群等方式向其他未参与直播观看的人员推送抽奖时间及金额等信息，吸引众多网民在直播抽奖时段进入直播间采用付费"办卡"、刷虚拟礼物等方式参与抽奖，其中不乏大量青少年参与其中。几年间，李某等人共计组织抽奖4200余场（次），440多万人次参与，涉及资金近1.2亿元。

李某等人的行为是否合法？为什么？

知识导航

一、认清黄赌毒

卖淫、嫖娼的，在公共场所拉客招嫖的，引诱、容留、介绍他人卖淫的，制作、运输、复制、出售、出租淫秽的书刊、图片、音像制品等或者利用计算机信息网络、电话以及其他通信工具传播淫秽信息的，组织播放淫秽音像的，组织或者进行淫秽表演的，参与聚众淫乱活动的等行为都属于涉黄行为。

赌博是以获利为目，拿财物下注并从中渔利的行为。客观上表现为聚众赌博、开设赌场或者以赌博为业。

毒品是指鸦片、海洛因、甲基苯丙胺（冰毒）、吗啡、大麻、可卡因以及国家规定管制的其他能够使人形成瘾癖的麻醉药品和精神药品。

二、黄赌毒的危害性

（一）涉黄信息的危害性

涉黄信息对青少年的身心健康具有严重的不良影响。青少年正处在生长发育和求知的重要阶段，不论主动寻求还是被动接受淫秽信息，认知都容易被扭曲，不利于形成正确的性观念、正确认识性

行为。涉黄信息对青少年的身心塑造会产生破坏性影响,一些自制力差、意志力薄弱的青少年禁不住诱惑,极易走向性犯罪的深渊。

(二)赌博的危害及常见形式

赌博不仅危及个人的心灵、意志、身体和前途,还影响社会的稳定与和谐。赌博会严重影响行为人的正常生活,诱发行为人的贪欲及不劳而获等不良思想,进而影响行为人的工作、人际关系等,使行为人对社会、职业、财产、家庭产生病态认识。更严重的情况是行为人财产输光、外债缠身、前途被毁、家庭破裂,甚至走上犯罪道路。

传统赌博形式主要包括:赛马、六合彩、百家乐、21点、轮盘、角子机等彩票和足球博彩。伴随网络的发展,网络赌博成为新型赌博方式,当前典型的网络赌博主要表现为:

套路一:互联网赌博。将线下赌场搬到线上,赌客只需注册账户并充值便可参与线上赌博。庄家通过后台操控结果赚取暴利。

套路二:基于体育竞技、福利彩票等形式的外围赌博。赌客通过专门平台注册账号并充值进行下注,平台以特定赛事或福彩结果作为开奖依据,投注的资金将汇集到多个外籍人员的账户。一旦达到一定金额,他们便立即提走一部分资金转移到境外,将剩余资金作为兑奖金额。

套路三:网络红包赌博。以组建在线聊天群,通过群发红包并押注抢红包金额尾数大小的方式进行赌博。庄家利用外挂软件或设置有利于自身的游戏规则等手段赚取暴利。

套路四：网络游戏类赌博。前期充值金额以百元为主,游戏有赢有输,一旦充值金额达到一定水平,平台将会通过后台操纵让人瞬间输个精光。

套路五：直播型网络赌博。依靠美女主播吸引流量,将观众带入直播间进行"赌博"游戏,诱导观众购买游戏币下注参赌。

(三) 毒品的危害

首先,对个人而言,毒品不仅严重危害吸毒者的身心健康,还会使吸毒者对其产生身体和精神上的依赖。人一旦对毒品产生依赖,想要戒掉是一件极其痛苦的事。

其次,对家庭而言,吸毒者吸毒会给家人带来痛苦,会使家庭陷入经济危机,会导致亲属关系疏远。

最后,对社会而言,涉毒活动加剧会诱发各种违法犯罪活动,扰乱社会治安,给社会安定带来巨大威胁。

三、法律禁止黄赌毒

(一) 黄赌毒行为违反法律

我国刑法、治安管理处罚法等规定了针对黄赌毒违法行为的处罚措施。其中《中华人民共和国治安管理处罚法》第六十六条到第七十四条对涉黄、涉赌和涉毒等违法行为规定了拘留和罚款等轻重不同的处罚措施。

(二)黄赌毒行为构成犯罪

《中华人民共和国刑法》对严重涉黄行为进行了规定,主要包括聚众淫乱罪,制作、复制、出版、贩卖、传播淫秽物品牟利罪,传播淫秽物品罪,组织播放淫秽音像制品罪,组织淫秽表演罪,组织卖淫罪,强迫卖淫罪,协助组织卖淫罪,引诱、容留、介绍卖淫罪,引诱幼女卖淫罪等。罪行严重的,会被判处无期徒刑。

赌博行为轻则违法,重则犯罪。《中华人民共和国刑法》对构成犯罪的赌博行为进行了规定,并设定了量刑标准,对聚众赌博的行为、以赌博为业的行为以及开设赌场的行为进行严厉处罚。

涉毒犯罪作为危害性很严重的犯罪类型,历来是国家打击的重点。《中华人民共和国刑法》第六章第七节对此类犯罪进行了具体规定,涉及多种罪名。情节严重、社会危害大的涉毒犯罪行为,可被判处死刑。

法条在线

《中华人民共和国刑法》第三百零三条

【赌博罪】以营利为目的,聚众赌博或者以赌博为业的,处三年以下有期徒刑、拘役或者管制,并处罚金。

【开设赌场罪】开设赌场的,处五年以下有期徒刑、拘役或者管制,并处罚金;情节严重的,处五年以上十年以下有期徒刑,并处罚金。

《最高人民法院、最高人民检察院、公安部关于办理网络赌博犯罪案件适用法律若干问题的意见》

一、……利用互联网、移动通讯终端等传输赌博视频、数据，组织赌博活动，具有下列情形之一的，属于刑法第三百零三条第二款规定的"开设赌场"行为：

（一）建立赌博网站并接受投注的；

（二）建立赌博网站并提供给他人组织赌博的；

（三）为赌博网站担任代理并接受投注的；

（四）参与赌博网站利润分成的。

……

《中华人民共和国刑法》第三百四十七条

【走私、贩卖、运输、制造毒品罪】走私、贩卖、运输、制造毒品，无论数量多少，都应当追究刑事责任，予以刑事处罚。

……

《中华人民共和国刑法》第三百五十七条

【毒品的范围及数量的计算原则】本法所称的毒品，是指鸦片、海洛因、甲基苯丙胺（冰毒）、吗啡、大麻、可卡因以及国家规定管制的其他能够使人形成瘾癖的麻醉药品和精神药品。

毒品的数量以查证属实的走私、贩卖、运输、制造、非法持有毒品的数量计算，不以纯度折算。

《中华人民共和国刑法》第三百六十三条第一款

【制作、复制、出版、贩卖、传播淫秽物品牟利罪】以牟利为目的，制作、复制、出版、贩卖、传播淫秽物品的，处三年以下有期徒刑、拘役或者管制，并处罚金；情节严重的，处三年以上十年以下有期徒刑，并处罚金；情节特别严重的，处十年以上有期徒刑或者无期徒刑，并处罚金或者没收财产。

> 《最高人民法院、最高人民检察院关于办理利用互联网、移动通讯终端、声讯台制作、复制、出版、贩卖、传播淫秽电子信息刑事案件具体应用法律若干问题的解释（二）》第一条第二款
>
> 以牟利为目的，利用互联网、移动通讯终端制作、复制、出版、贩卖、传播内容含有不满十四周岁未成年人的淫秽电子信息，具有下列情形之一的，依照刑法第三百六十三条第一款的规定，以制作、复制、出版、贩卖、传播淫秽物品牟利罪定罪处罚：
>
> （一）制作、复制、出版、贩卖、传播淫秽电影、表演、动画等视频文件十个以上的；
>
> （二）制作、复制、出版、贩卖、传播淫秽音频文件五十个以上的；
>
> （三）制作、复制、出版、贩卖、传播淫秽电子刊物、图片、文章等一百件以上的；
>
> ……

案例分析

一、请同学们结合所学内容分析下列问题

> 前述案例中李某等人的行为会构成何种犯罪？

二、法官解析

互联网时代改变了人们的生活方式和社会交往方式,同时也滋生了不同于传统犯罪形态的新型犯罪活动。对这类犯罪准确识别与有效打击,不仅是新时代背景下,构建良好社会秩序的需要,更为社会公众在互联网时代识别违法犯罪行为、规范自身行为提供现实引导。

前述案例的最大特点在于,李某等人的犯罪行为是在当下异常活跃的网络直播平台上,以一系列公开且合法的条件与方式作为掩饰进行的。从表面上看,李某等人开设公司,利用网络直播平台进行直播打赏以及使用虚拟礼物或虚拟货币等行为或活动具有合法性,但在此过程中,李某等人运用煽动性语言吸引参与者,尤其是把抽奖与返现结合起来,使打赏、抽奖与兑取现金之间形成了对赌关系,从而使行为性质发生了根本性变化,演变成了网络赌博形式。

严厉打击此类影响社会公共秩序、败坏社会风尚的新型网络赌博犯罪行为,有利于充分彰显司法机关维护风清气正网络空间秩序的决心,警示社会公众网络不是犯罪藏身之所,更不是法外之地,要依法参与网络活动,提高辨识能力,明确法律边界。

探究平台

张某,女,十七周岁。田某某,女,十五周岁。赵某,男,十七周岁。王某某,男,十七周岁。

2021年7月,张某先后两次在其暂住的楼下,向顾某贩卖甲基苯丙胺共30克。同月21日凌晨,张某携带73.9克甲基苯丙胺欲贩卖给顾某时,被公安人员当场抓获。随后,公安人员在张某的暂住地查获甲基苯丙胺93.3克、咖啡因8.8克。

2021年7月，田某某先后两次在其暂住地，向李某贩卖甲基苯丙胺共10克。其中，第二次系其与王某某共同贩卖甲基苯丙胺5克。同月19日，公安人员从田某某身上查获甲基苯丙胺2.7克。田某某归案后，协助公安机关抓获其他犯罪嫌疑人。

2021年7月，赵某按照李某的要求，将0.3克甲基苯丙胺贩卖给徐某，并将违法所得的300元交给李某。同月17日凌晨，赵某跟随李某乘车欲贩卖7.5克甲基苯丙胺时，被公安人员当场抓获。公安人员当场从赵某身上查获甲基苯丙胺1克，并根据赵某的供述，从其所乘轿车内查获甲基苯丙胺6.5克。

1. 张某等四人的行为违反了我国哪部或哪些法律？

2. 如果你是法官，你将如何裁定上述人员的犯罪行为？

张某明知甲基苯丙胺、咖啡因是毒品而贩卖，田某某、赵某、王某某均明知甲基苯丙胺是毒品而贩卖，四人的行为均已违反我国刑法，构成贩卖毒品罪。其中，张某贩卖毒品数量最大，田某某贩卖毒品数量较大，赵某、王某某贩卖少量毒品，四人均应依所犯罪行受到法律的惩处。

从刑事责任年龄上看，鉴于田某某犯罪时已满十四周岁未满十六周岁，且归案后有协助公安机关抓获其他犯罪嫌疑人的立功表现，张某、赵某、王某某犯罪时已满十六周岁未满十八周岁，四人均应当受到法律的处罚，但应从轻或者减轻处罚。同时，相关证据表明，四人均于初中辍学后外出务工，因交友不慎而贩卖毒品，并导致犯罪，归案后认罪态度较好，当庭自愿认罪，均可酌情从轻处罚。综合四人犯罪的具体情节，可以对张某、田某某、赵某减轻处罚，对王某某从轻处罚。

校场练兵

张某某,就读于某高职学校,主修计算机专业。2021年7月,为自主创业和学习互联网技术,张某某注册了"轩轩影视"网站,并在网站首页设置了"电影""电视剧"等模块,供网民免费观看和下载。为增加网站浏览量,张某某购买具有自动采集互联网视频功能的模块配置到网站上,以实现视频数据的更新。在日常维护和管理中,张某某发现网站上存在一些色情小视频,为了增加网站的浏览量,张某某仍继续使用自动采集模块更新视频数据,任由色情视频信息在自己网站上传播。2022年4月,相关部门在核查中发现该网站存在违规行为,依法对该网站进行了43次远程勘验,共下载了460部小视频进行调查取证。后经有关部门鉴定,这460部小视频中有456部属于淫秽信息。

张某某的行为是否构成犯罪？_____

如果你上网的时候遇到这类网站,你会_____

如果你周围的人发布、传播淫秽信息,你会_____

法官提醒

1. 涉黄、涉赌、涉毒行为具有严重的危害性,不仅会损害人的身心健康,也易引发其他违法犯罪行为。

2.涉黄、涉赌、涉毒行为是法律严格禁止的行为,针对黄赌毒行为,国家法律法规规定了严厉的处罚措施。

3.我们需要学习法律法规,筑牢防线,远离黄赌毒。我们还要敢于拿起法律武器,自觉抵制黄赌毒,勇于同涉及黄赌毒的违法犯罪行为作斗争。

学习感悟

1.通过学习基础知识,我了解了_____

2.通过学习本课的案例,我学会了_____,提高了_____

3.通过"校场练兵"和"法官提醒",我需要注意_____

组织在线观看实时淫秽表演并收取费用行为的定性

2022年2月，张某、夏某经事先商量，由夏某在网络直播平台上以挑逗性的动作发布淫秽直播广告，言明加微信并发送50元红包后即可加入QQ群观看淫秽表演，吸引网友添加微信。张某通过多个微信账号收取30元至218元不等的"会员费"，之后组织"会员"进入QQ群。张某、夏某二人让群内"会员"在线观看他们正在进行的淫秽表演。自2022年2月至5月上旬，二人先后组织90余人进群观看，非法获利12000余元。2022年5月9日，警方将张某、夏某抓获，二人如实交代了前述行为。

法院最终以组织淫秽表演罪判处张某、夏某拘役四个月，并处罚金7000元，对作案工具依法予以没收，违法所得予以追缴。

第五单元

婚姻家庭求幸福

习语金句

★家风家教是一个家庭最宝贵的财富,是留给子孙后代最好的遗产。要推动全社会注重家庭家教家风建设,激励子孙后代增强家国情怀,努力成长为对国家、对社会有用之才。

——2022年6月8日习近平在四川考察时的讲话

第九课　享受甜美爱情与保护自身权利

点击案例

案例 1　小美是一名大三的学生,已经年满十八周岁,大二时结识了小帅,二人随后确立恋爱关系。小美的父母对此很反对,一直觉得女儿上学期间不该谈恋爱。小美却说:"我已经成年了,可以自由恋爱。"刚开始小美和小帅相处融洽,感情很好,小帅对小美也是有求必应。可是后来小美慢慢发现小帅脾气暴躁,还时常干涉和限制她的日常活动。平时小帅还以各种理由找小美借钱,在恋爱期间,前后共借走小美的生活费、奖学金等几千元。由于二人是恋爱关系,小帅借钱时小美从未让其打过欠条且都是直接给其现金。现在二人关系恶化,面临分手,对于借给小帅的这些钱小美不知道能不能要回来,她更不知道如何才能要回来。

案例 2　陈某和郑某2021年2月结婚,婚后感情不错。2021年7月陈某辞职后借钱经营了一家服装公司,生意红火,因业务繁忙经常不回家,夫妻感情逐渐恶化,此后陈某再未将所得收入拿回家。郑某收入低,身体也不好,前前后后向邻居、朋友共借10万元用于生活开销和看病。郑某觉得夫妻关系名存实亡,2023年3月向法院起诉离婚,并要求陈某共同承担对外债务10万元。此时陈某也主张自己的服装公司对外欠债50万元,因该笔债务属于夫妻关系存续期间的共同债务,所以要求郑某与自己一起承担。

1. 小帅有权利限制小美的自由吗?小美有权利要回借给小帅的钱吗?如果可以要回,该如何要?

2. 郑某主张的10万元债务陈某有责任分担吗?陈某主张的50万元债务是否属于夫妻共同债务?

知识导航

一、相关概念介绍

自由恋爱，一般指达到一定年龄的未婚男女双方，从相见到相识，再到双方相互产生好感并发展确立恋爱关系。男女双方在这一过程中，以平等尊重的态度对待彼此，不受他人干涉、指使和威胁等。

结婚是指男女双方根据法律规定的条件和程序，确立夫妻关系的一种法律行为。

夫妻共同债务是指在婚姻关系存续期间夫妻双方或者其中一方为夫妻共同生活对第三人所负的债务。以下几种债务可被认定为夫妻共同债务：(1)夫妻双方共同签字或者夫妻一方事后追认等共同意思表示所负的债务；(2)夫妻一方在婚姻关系存续期间为满足家庭日常生活需要以个人名义所负的债务；(3)夫妻一方在婚姻关系存续期间超出家庭日常生活需要以个人名义所负的债务，有证据证明该债务用于夫妻共同生活、共同生产经营或者基于夫妻双方共同的意思表示的。

二、恋爱期间的财产处理

恋爱期间的男女关系密切，相互给付财物较为常见，给付的性质有时候是馈赠，有时候是借贷。基于对恋人的信任，借贷不打欠条的现象比较常见，或者不会说明给付的性质，因而一旦双方分手就可能因此发生纠纷。所以恋人在享受爱情的美好时要学会保护自己的人身安全与财产安全。切记,无论何时个人的人身自由与私有财产都受到法律的保护。

(一)恋爱期间的借款

恋爱期间恋人之间相互借款虽然常见,但大部分出借人都不会要求对方给自己出具借条,觉得这样做是对感情的不忠贞,或担心对方怀疑自己太在乎钱。恋人之间一旦发生借贷纠纷,出借方若有借款凭证且金额不大,追回借款的可能性较大。但是若金额巨大且只有一张借条,那么纠纷会因欠钱一方的一些抗辩而变得复杂。恋人各自的财产权利都受法律保护,因此,恋人之间要尽可能做到财产关系清晰,借贷双方应出具和保留借款凭证。而对于金额较大的钱款,通过银行进行转汇是一种比较明智的做法。

(二)恋爱期间的给付

在恋爱过程中,恋人之间的给付不一定都是赠与。恋爱期间的给付一般有三种性质:第一种是基于习俗,一方给付另一方钱款或物品作为订婚的标志,通常被称为送彩礼;第二种是一方赠与对方贵重物品,如房屋、汽车、金银首饰等,在双方缔结婚姻关系之后将其融入家庭财产中,用于夫妻共同生活,可被称为婚前赠与;第三种是相互赠送小额钱款、礼品及衣物等,属于双方之间的礼尚往来。若恋爱双方结婚不成且产生纠纷,恋爱期间的给付具体属于哪一种,是否可以主张返还应视具体情况而定。

三、恋爱同居期间的财产处理

恋爱同居是指两个相爱的人暂时住在一起。这一概念一般用于异性之间。同居关系不同于婚姻关系。婚姻关系是获得了法律承认的,不可随便解除;而同居是不被法律承认的一种行为,任意一方随时可以提出终止同居关系。但是,恋爱同居期间男女双方各自的财产、收入均受法律保护。同居生活期间双方共同所得的收入和购置的财产,按一般共有财产处理。一方在对方没有辅助性劳动和提供生活帮助的情况下所得收入和购置的财产应归该一方个人所有。

所以,同居前的财产归各当事人自己所有已成共识。同居后的财产归属一般有以下几种情形:(1)同居后一方的收入或财产,原则上应归该方当事人所有,但另一方当事人对该方当事人取得该财产有资助、有辅助性劳动及提供生活帮助的,则该收入或财产应为一般共有。且可根据当事人对取得财产的作用大小确定不同的份额。(2)同居后共同购置的财产属当事人共有,按份取得的可确定为按份共有。(3)同居后分居期间的收入或财产归各当事人所有。(4)同居后的约定财产按约定处理。(5)因人身关系取得的财产归该当事人所有。(6)继受取得的财产归继受取得人所有。(7)个人所有或共有权属不明的财产推定为共有财产。(8)因共同生产、生活形成的债权债务为共同的债权债务,可以确定份额的依份额享有和承担。因抚养共同的子女所形成的债务为共同债务,因抚养各自的子女及赡养各自的老人所形成的债务为该当事人个人债务。

四、夫妻共同债务与同居期间产生的债务有别

夫妻共同债务是夫妻基于家庭共同生活的需要所负的债务,以及对共有财产的管理、使用、收益和处分而产生的债务,除特殊情况外一般要求夫妻对此共同承担。然而,同居期间产生的债务却与此有所不同。对于基于同居关系而产

生的债务,首先要分清是共同债务还是个人债务。如果是个人债务,应由个人偿还。如果是基于同居期间共同生活而产生的债务,双方应共同承担。换言之,同居期间借款人为了也仅仅为了同居双方的共同利益、同居生活以双方名义或是以一方名义形成的对他人的债务,才为同居期间的共同债务。男女一方在同居前所负的债务,同居后与共同生活无关的债务,均应被确认为个人债务。

法条在线

《最高人民法院关于适用〈中华人民共和国民法典〉婚姻家庭编的解释(一)》第三条

当事人提起诉讼仅请求解除同居关系的,人民法院不予受理;已经受理的,裁定驳回起诉。

当事人因同居期间财产分割或者子女抚养纠纷提起诉讼的,人民法院应当受理。

《中华人民共和国民法典》第一千零四十七条

结婚年龄,男不得早于二十二周岁,女不得早于二十周岁。

《中华人民共和国民法典》第一千零六十四条

夫妻双方共同签名或者夫妻一方事后追认等共同意思表示所负的债务,以及夫妻一方在婚姻关系存续期间以个人名义为家庭日常生活需要所负的债务,属于夫妻共同债务。

夫妻一方在婚姻关系存续期间以个人名义超出家庭日常生活需要所负的债务,不属于夫妻共同债务;但是,债权人能够证明该债务用于夫妻共同生活、共同生产经营或者基于夫妻双方共同意思表示的除外。

案例分析

一、请同学们结合所学内容分析下列问题

（爱我就可以限制我的自由吗？）

（夫妻共同债务应如何处理？）

二、法官解析

一般来说，男女双方在恋爱过程中感情融洽，如胶似漆。但如果恋爱关系恶化，诸多问题在双方之间会逐渐暴露出来。比如一方限制另一方的人身自由，阻止对方与他人正常交往。再比如双方恋爱期间发生的经济关系难以厘清等。

（只能和我交往！）

自由恋爱是以满足男女双方情感的相互需要而确立的，这种需要建立在彼此自愿的基础上。前述案例1中，小美与小帅自由恋爱，双方是独立的、平等的个体，任何一方没有权利限制对方的人身自由，小帅不能限制和干涉小美的活动自由。所以恋爱期间一旦发现

对方有限制自己人身自由的行为要及时结束这种不健康的恋爱关系。另外,从法律角度讲,恋人之间的借贷关系也符合法律上的债权债务关系,因此,小美借给小帅的钱,小帅应当予以返还。但是鉴于借贷关系发生时小美并没有要求小帅出具借条、收据,而且小美也都是给付小帅现金,所以如果小帅不承认双方之间有借贷关系,小美则很难收回出借的钱。所以,恋人之间尽量不要进行大额经济往来,若不可避免,出借方应通过银行进行转账并且留存凭证,转账时最好标注款项的实际性质,比如是借贷还是共同投资等,用微信或者支付宝转账时也应当标注款项的具体用途和性质。双方对经济往来的沟通记录、催要信息等详细内容均应当谨慎妥善保存,确保一旦双方发生纠纷可以以此作为有经济往来的实际的、有力的证据。我们既倡导恋人间建立健康的恋爱情感,又提醒当事人要注意保护自己的合法权益。

针对案例2,根据我国民法典的规定,离婚时,原为夫妻共同生活所负的债务,应当由双方共同偿还。陈某与郑某系合法夫妻关系,夫妻关系存续期间家庭日常生活开支应当由双方共同承担,郑某为生活和治病而对外产生的10万元债务属于夫妻共同债务,应当由夫妻双方共同承担。但是陈某在外开公司,郑某既未参与公司经营,公司经营所得也未用于家庭生活,并且郑某对陈某的举债一无所知,所以陈某主张的50万元债务不属于夫妻共同债务,应当由陈某个人承担。此外,陈某的公司经营状况一直不错,是否存在该债务也不确定,不排除陈某伪造债务、转移夫妻共同财产的嫌疑。如果查明陈某确实存在隐匿、转移夫妻共同财产的行为,则在处理离婚纠纷中分割夫妻共同财产时郑某可以要求少分给或不分给陈某。

探究平台

十八岁的小丽大一开学军训期间与同班男生小凯聊得比较多。两人比较投缘，经短时间的相处，很快便确立了恋爱关系。大二期间，两人经过商议，决定共同搬出学校宿舍一起住在出租屋里。不久后小丽发现自己怀孕，其父母知道后很生气，但无奈自己女儿已经怀孕，于是找到小凯父母商议此事。小丽父母计划先让小丽生下孩子，等小凯、小丽毕业后再给两人办婚礼。但是小凯父母不喜欢小丽，不同意小凯将来娶小丽，只想给点钱让小丽引产了事。而小凯也不打算将来与小丽结婚，更不想过早承担家庭的责任。小凯几次强逼小丽引产，两人多次为此事争吵。

因为小丽的事，邻居对小丽及其父母指指点点。小丽一边承受着来自父母的压力，一边忍受着同学、朋友和邻居异样的眼光，加上小凯已经从出租屋里搬走，对她不闻不问，态度冷淡，最终，小丽承受不住压力，在出租屋里自杀。一场悲剧就此酿成。

请同学们就树立正确的婚恋观谈谈自己的看法。

社会在发展，时代在进步，学生的生活势必也会随之发生变化，尤其是高校学生结婚禁令解除规定的出台，使得在校大学生满足法定结婚条件的婚育合法化。但是不限制在校大学生婚育，并不等于提倡婚育，教育主管部门认为应正确引导大学生的婚恋观，劝导大学生在校期间不结婚生育。

学生应当学习生理卫生知识，了解自己的身体特点，掌握生理常识，保护自己的合法权益。学校要定期举办女性生理卫生知识讲座，重点讲述未婚先孕、避孕、就诊等知识，让学生了解不成熟的恋爱会给双方造成伤害，让学生了解引产对身体的严重危害，让学生学会处理紧急情况。学生的心理、生理发育还不成熟,没有稳定的经济收入,承担责任的能力较小,这是学生的普遍特征。学校应引导学生树立正确的恋爱观,教育学生正确对待两性关系。家庭和社会也应当采取相应措施,帮助学生树立正确的恋爱观、道德观、世界观,保障他们的身心健康。

校场练兵

王某与薛某经他人介绍认识,不久后便结婚,婚后生育一女。由于王某、薛某婚前认识的时间短,彼此了解不深入,婚后两人感情并不好,薛某不尽丈夫义务,动辄辱骂殴打王某。王某由于不想离婚,所以对薛某的暴力行为一再忍让。后来薛某认识了另一年轻貌美的李某,薛某花费60万元在市区买了一套房子,与李某开始同居生活。后来被王某发现,王某认为薛某婚内出轨的行为已经严重损害了自己的合法权益,她对自己的婚姻不再抱有希望。王某提起诉讼,要求与薛某离婚,争取孩子的抚养权,并且强烈要求法院判决薛某净身出户。

如果你是王某的代理律师,你会＿＿＿＿＿＿＿＿＿＿＿＿＿＿＿＿＿＿＿＿
＿＿＿＿＿＿＿＿＿＿＿＿＿＿＿＿＿＿＿＿＿＿＿＿＿＿＿＿＿＿＿＿＿＿

如果你是薛某的代理律师,你会＿＿＿＿＿＿＿＿＿＿＿＿＿＿＿＿＿＿＿＿
＿＿＿＿＿＿＿＿＿＿＿＿＿＿＿＿＿＿＿＿＿＿＿＿＿＿＿＿＿＿＿＿＿＿

如果你是法官,你会＿＿＿＿＿＿＿＿＿＿＿＿＿＿＿＿＿＿＿＿＿＿＿＿＿
＿＿＿＿＿＿＿＿＿＿＿＿＿＿＿＿＿＿＿＿＿＿＿＿＿＿＿＿＿＿＿＿＿＿

法官提醒

1.完美的爱情需要法律的保障，非婚同居不应该被提倡。作为中职学生，要理性对待萌芽的爱情，把精力主要放在学习知识和技能上，努力学好本领，不断锻炼提升自己，让自己的思想更成熟，在自己可以承担起另一个人的幸福时去迎接美好的爱情。只有成熟的爱情才会幸福。如果恋爱了，可以把遇到的欣喜的事、困惑的事向家长、老师诉说，听取他们的建议。

2.中职学生正处于青春发育期，应当加强生理卫生知识学习，了解自己的身体特点，掌握生理常识，保护自己。要树立正确的恋爱观，正确认识对异性的好感，憧憬爱情但不冲动行事，正确对待两性关系。

3.中职学校要定期举办女性生理卫生知识讲座，重点讲述未婚先孕和避孕知识，讲述引产等对身体的严重伤害，要告知女生如遇身体不适，应到正规医院就诊等，让学生真正了解自己的身体特点，学会处理紧急情况，让学生懂得尊重彼此。而同学们应认真学习这些知识，对自己和他人负责。

学习感悟

1.通过学习基础知识，我了解了＿＿＿＿＿＿＿＿＿＿＿＿＿＿＿＿

2.通过学习本课的案例，我学会了＿＿＿＿＿＿＿＿，提高了＿＿＿＿＿＿＿

3.通过"校场练兵"和"法官提醒"，我需要注意＿＿＿＿＿＿＿＿＿＿

法治广角

青少年学生应该怎样正确对待恋爱

青春期是人生发展的一个重要阶段,我们正处在青春懵懂的年龄,对美好的事物充满好奇,内心往往有一份美好的爱情在萌动。但是,作为中职学生,此时的我们年龄还小,世界观、人生观都还没有形成,心智发育还欠成熟,对爱情还没有很清楚的认识,而且还有学习这第一要务需要我们用心去完成,我们应该正确对待恋爱。

一、要正确认识自己的感情变化

青春期的我们身体发育很快,性意识已经萌发,所以对异性异常关注,容易对异性萌生好感。同时,影视剧、文学作品对美好爱情的展现和描述,现实生活中成人的爱情都会对我们的恋爱观产生影响。而青少年阶段正是性格塑造和世界观、人生观、价值观形成的关键时期,我们要正确认识自己的心理和生理变化,督促自己以积极乐观向上的态度对待情感变化。

二、经常与家人、教师、朋友进行沟通

成长需要家人、老师、朋友的积极引导,把生活、学习上的喜悦与收获、苦恼与不解说给他们听,他们会为我们高兴,也会为我们答疑解惑。每个人都会经历青春期,对爱情总是有种美好的向往,把我们的所思所想及时与家人、老师、朋友进行沟通,多听取他们的意见,他们的经历和经验可以为我们提供参考,他们会引导我们做得更好。

三、把恋爱变成前进的动力

青春期的我们心里总是有一些小躁动,但这个时期,也正是我们学习和成长的最佳时期。我们应该正确地处理感情与学习的关系。我们与恋人既可以是感情上的好伙伴,也可以成为学习上的好伙伴,可以在学习上相互鼓励、相互监督,这样做既是对自己也是对对方负责。我们不能为了追求所谓的浪漫,一起逃课、逃学,不能互相影响学习。恋爱是为了让对方更好,也是让自己更好。

四、千万不可做出格的事

青春期的我们往往渴望美好的爱情,身体也正处于快速成长的时期,对异性的身体也充满好奇,也会有性冲动。有这样的冲动很正常,但是要学会控制。因为我们的身心还不成熟,还不能承担起对自己对他人的责任。我们要本着对自己负责对恋人负责的态度,多注意自己的行为举止,敢于对自己和对方说不,不做让自己后悔,让他人受伤的事情。

五、多接触一些积极向上的文化

我们要建立健康向上的精神世界,要多汲取健康向上的精神文化食粮,如听积极向上的歌曲,阅读积极向上的书刊,观看积极向上的影视作品等。我们要接受优秀文化作品的引导、教育和鼓舞,要主动辨别文化作品的优劣,严格要求自己,让优秀文化滋养我们健康成长。

六、要正确认识自我

我们要清晰地知道,什么事情能做,什么事情不能做。我们要认识到自己还是一名青少年,并不具备承担一个家庭责任的能力,我们应该努力学习,健康成长,把自己培养成更优秀的人,静待自己心理和生理的成熟,到那时,我们就有能力追求幸福美好的爱情了。

第十课　家庭是温暖的港湾

点击案例

案例①　都说家是避风的港湾、情感的归宿,然而现实中频频发生的家庭暴力,却让这个本该承载着脉脉温情的地方变得不再温暖。

姜某与郑某育有二女,近来他们因孩子及经济问题经常发生争执,妻子姜某遭受到丈夫郑某的家庭暴力。姜某对此不堪忍受,向法院申请人身安全保护令,并提交了病例、报警记录等证据材料。法院对相关证据进行了查证,认定家庭暴力事实存在。鉴于姜某多次遭受家庭暴力并有继续遭受家庭暴力的现实危险,法院依法作出民事裁定书,禁止郑某对姜某实施家庭暴力。姜某所在片区派出所、妇女联合会、居民委员会均收到民事裁定书,表示将协助法院执行该保护令。郑某当场保证遵守该保护令,不再与姜某发生肢体冲突。我国反家庭暴力法对人身安全保护令作了比较全面的规定,家庭成员一旦遭受家庭暴力,可以向法院申请人身安全保护令,避免严重后果的产生。

家是温暖的港湾,是放松心情的地方,是一家人一起编织的爱的摇篮,不应该让家庭暴力这一不和谐因素破坏了家庭的美好。

案例②　李奶奶已七十七岁,育有一女,2021年3月她和老伴与女儿达成口头协议:老两口把老房子卖掉,搬到女儿家和女儿一家人同住,直至去世,养老送终由女儿负担。不久后老伴去世。2022年8月,因与女儿一家不和,李奶奶搬离女儿家,在外租房居住。搬出后,女儿不管她的生活起居,也不来看望慰问。无奈之下,李奶奶将女儿起诉至法院,要求女儿常来看看。法院判决支持李奶奶的诉求,判令李奶奶的女儿至少每两个月看望一次自己的母亲,每年重大传统节日至少看望两次。法官还当庭指出,如果李奶奶女儿不履行看望义务,李奶奶可申请强制执行。

1. 常言道,家丑不可外扬,你认为姜某的做法对吗?
2. 子女对父母不履行精神赡养义务,法院判令强制执行是否合适?

知识导航

一、相关概念介绍

家庭暴力,简称家暴,是指发生在家庭成员之间的,以殴打、捆绑、残害、限制人身自由以及经常性谩骂等方式实施的针对身体、精神的侵害行为。

精神赡养,一般指在家庭生活中,赡养人理解、尊重、关心、体贴老年人的精神生活,在精神上给予其慰藉,满足其精神生活的需要,使其愉悦、开心。

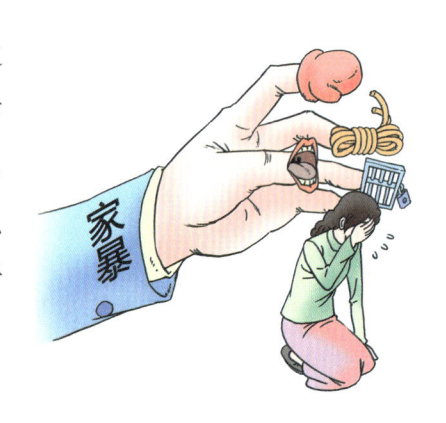

二、家庭暴力的特点

(一)多样性

家暴的表现形式多样,包括但不限于肉体侵害、性攻击、精神情感折磨等,现实中往往多种暴力形式同时存在。

(二)隐蔽性

家暴一般发生在家里,比较隐蔽,常常不为外人所知,暴力发生时受害者常常处于无防备状态。

(三)普遍性和严重性

我国各地都存在家暴的现象。家暴也是妇女遭受严重侵害最常见的形式之一。并且家暴也容易造成家庭破裂、亲人分离。

(四)反复性

家暴一般会反复发生,其过程为:

1. 紧张状态阶段:双方出现言语攻击和情绪敌对,伴随着产生施暴者对受害者自信心的打击。施暴者通过限制受害者接近家人、朋友等孤立、隔离受害者。

2. 暴力阶段:施暴者愤怒情绪爆发,对受害者进行攻击。

3. 亲密阶段:随着紧张状态的缓解,施暴者对受害者可能表现出歉意、温柔。施暴者受良心谴责,表现出忏悔之意,并发誓不再出现类似行为,受害者常满怀希望,希望施暴者不再有暴力行为。但往往这种暴力行为会反复出现。

三、我国对家庭暴力的规制

反对家庭暴力、提倡家庭和谐一直是我们积极追求的目标,近年我国在立法方面做了许多努力。2015年3月,最高人民法院、最高人民检察院、公安部、司法部印发《关于依法办理家庭暴力犯罪案件的意见》的通知,积极预防和有效惩治家庭暴力犯罪,加强对家庭暴力被害人的刑事司法保护。2015年12月27日,第十二届全国人大常委会第十八次会议表决通过了《中华人民共和国反家庭暴力法》,该法已经于2016年3月1日正式施行。

对于家庭暴力,《中华人民共和国民法典》进行了原则性规定,即第一千零四十二条第三款中的"禁止家庭暴力"。《中华人民共和国民法典》第一千零七十九条规定,实施家庭暴力,调解无效的,应准予离婚;《中华人民共和国民法典》第一千零九十一条规定,遭受家庭暴力者有权请求损害赔偿。

目前处理家庭暴力和救助家庭暴力受害者虽然存在着很大的困难,但是,随着我国法律制度的日益完善,以及人民群众反对家庭暴力意识的不断增强,相信这一境况将得到极大改善。面对家庭暴力,受害人要积极寻求援助,维护自己的合法权益;居民委员会、村民委员会也应当时时关注,积极劝阻;公安机关应当运用法律手段予以制止。充分发动全社会力量来抵制和惩治家庭暴力,家庭暴力将不再是家务事,清官也能断家务事。

四、精神赡养的真谛

百善孝为先,不尽孝道,不赡养老人,既违背人伦道德,也涉嫌违法。当代社会,老年人更需要子女给予精神赡养,而不仅仅是提供物质扶助。精神赡养的关键是用心,用真心爱父母,用诚心敬父母,用孝心事父母,让父母开心地颐养天年。孝敬父母是公民的道德义务,也是法律义务。

我国老年人权益保障法规定,赡养人应当经常看望或者问候老年人。但该法颁布实施以后,还是有老人状告子女不履行精神赡养义务的事件。典型的事例是法院判令子女"常回家看看"老人,在法院的强制执行下,老人的子女确实回了几趟家,但只是在家门口张望一下,掉头就走。这样的"看看",绝不是精神赡养,相反可以说是精神伤害。法律规定子女对老人有精神赡养义务,子女应当诚心诚意地对老人进行精神赡养,给老人带来精神愉悦。

五、精神赡养的表现形式

精神赡养的表现形式主要有作为和不作为。

（一）作为

1.赡养人为老年人的精神生活提供必要的物质保障。如报名让老人参加老年大学兴趣班的学习，购买可视听电子产品等。

2.赡养人对老年人进行亲情慰藉（即情感方面的赡养）。其中包括的内容很多，范围很广，既有道德层面的也有法律层面的。从道德层面上看，总的要求是尽量对老年人进行无微不至的关怀，使老年人常常感到欣慰。从法律层面上看，应对老年人进行必要的问候或看望等。

（二）不作为

1.赡养人在行为上不能伤害老年人。如不能作出侮辱老年人的行为，更不能殴打老年人。

2.赡养人在言语上不能伤害老年人。如不能讽刺挖苦老年人，更不能辱骂老年人。

3.不能限制老年人的生活自由和人身自由。如对老年人再婚、找伴侣、交朋友、参加文艺体育活动，以及追求其他精神生活等，不能进行限制。

法条在线

《中华人民共和国民法典》第一千零四十三条

家庭应当树立优良家风,弘扬家庭美德,重视家庭文明建设。

夫妻应当互相忠实,互相尊重,互相关爱;家庭成员应当敬老爱幼,互相帮助,维护平等、和睦、文明的婚姻家庭关系。

《中华人民共和国反家庭暴力法》第二十三条第一款

当事人因遭受家庭暴力或者面临家庭暴力的现实危险,向人民法院申请人身安全保护令的,人民法院应当受理。

《中华人民共和国老年人权益保障法》第十八条

家庭成员应当关心老年人的精神需求,不得忽视、冷落老年人。

与老年人分开居住的家庭成员,应当经常看望或者问候老年人。

用人单位应当按照国家有关规定保障赡养人探亲休假的权利。

案例分析

一、请同学们结合所学内容分析下列问题

遭遇家暴后,受害人该怎么做?

子女应如何赡养父母?

二、法官解析

人生中最大的幸福，是睁眼闭眼看到家人的笑脸，年复一年亲人相伴身边。家理应是幸福的港湾，而家暴却会对家庭的幸福造成严重破坏。家暴受害人如果对家暴采取忍让的态度，不向相关机构反映或求助，会使施暴者更加肆无忌惮，因此受害人一旦遭遇家庭暴力，应及时向施暴者或自己所在单位、居民委员会、村民委员会、妇女联合会等单位投诉或者求助，必要时要向公安机关报警求助，并保留好相关证据。需要特别指出的是，申请人身安全保护令者并不限于家庭暴力受害人本人，当受害人是无民事行为能力人、限制民事行为能力人，或者因强制、威吓等原因无法申请人身安全保护令者，其近亲属、公安机关、妇女联合会、居民委员会、村民委员会、救助管理机构均可以代为申请。

案例1中，姜某的做法是可取的，她面对家暴不逃避不容忍，而是积极寻求解救办法，及时保留家暴证据，积极申请法律保护。

尊老爱幼、抚养子女、赡养老人，是家庭和谐幸福的基础。案例2中李奶奶要求女儿履行精神赡养义务，时常回来探望自己，这是老人的精神需求。孝敬父母，给予父母经济上、物质上的扶助，心灵上的安慰和精神上的慰藉，是赡养人的义务。子女不履行赡养义务，父母可以通过法律途径维护权益。案例2中，法院的判决是在维护李奶奶的权益。

探究平台

段奶奶年近70，膝下一子一女，老伴已经离世多年，段奶奶与儿子儿媳共同生活，但是儿子儿媳不但不孝顺她，还经常辱骂、殴打她，段奶奶只好搬去同女儿女婿居住。女儿女婿对段奶奶十分孝敬，各方面悉心照料，在她生病住院期间更是尽心尽力。段奶奶深感欣慰，临终前立下遗嘱：自己生前的一套房子由女儿女婿继承，儿子没有继承权。段奶奶去世后女儿女婿拿着遗嘱要求段奶奶的儿子儿媳搬出老人的房子。协商无果，亲姐弟只好法庭上见。

1. 请同学们结合所学知识，分析本案例中段奶奶在儿子不赡养自己时应该如何维护自己的合法权益。

2. 如果你是法官，你该如何判定段奶奶儿女的财产纠纷案？

赡养老人不仅是中华民族的传统美德，也是每一个成年且有赡养能力的子女应尽的法定义务。赡养扶助的主要内容包括子女在经济上应为父母提供必要的扶助，在精神上、感情上应尊敬、关心和照顾父母。子女不履行赡养义务时，无劳动能力或生活困难的父母，有要求子女付给赡养费的权利。对拒不履行赡养义务的子女，父母可以通过诉讼等途径寻求权利保障。不履行赡养义务情节恶劣的可能构成犯罪，义务人将被依法追究刑事责任。所以，上述案例中，段奶奶在儿子不赡养自己时完全可以通过法律途径，要求儿子赡养自己。

按照我国民法典的相关规定,被继承人立有遗嘱的,财产继承以遗嘱为准。段奶奶在遗嘱中表明自己的房产由女儿女婿继承,所以儿子儿媳无权继承房产。

校场练兵

刘某新入住某花园小区,入住后常听到对门吴某打骂其妻子的声音。并且刘某经常看见吴某妻子脸上有伤。某晚,刘某又听见吴某打骂其妻子,刘某想报警,但又认为这毕竟是别人家的事,且报警还会伤害邻居感情。但和丈夫商量后,最终还是报了警。

在现实生活中,如果你遇到别人遭受家暴,而且受害人可能是你的亲人朋友,可能是你的邻居,也可能是你不认识的人,这时你应该怎么做?

我会_____

法官提醒

1.我国民法典明令禁止家庭暴力。受害人可通过多种途径维护自己的合法权益:向公安机关报案;向居民委员会、村民委员会或妇女联合会等投诉、反映或求助;向法院起诉,申请人身安全保护令。

2.子女不履行赡养义务时,无劳动能力或生活困难的父母有要求子女付给赡养费的权利。子女拒不履行义务,父母可以通过诉讼等途径寻求权利保护。

3.发现自己身边的人正在遭受家暴,不能袖手旁观,在确保自身安全的前提下,要及时帮助受害人脱离困境。最好的办法就是报警,及时将自己知悉的情况告诉警察。

学习感悟

1. 通过学习基础知识，我了解了＿＿＿＿＿＿＿＿＿＿＿＿＿＿＿＿＿＿＿＿＿＿
2. 通过学习本课的案例，我学会了＿＿＿＿＿＿＿＿，提高了＿＿＿＿＿＿＿
3. 通过"校场练兵"和"法官提醒"，我需要注意＿＿＿＿＿＿＿＿＿＿＿＿

法治广角

精神赡养是最好的孝顺（节选）

高 谦

时下，有些做子女的认为：孝敬老人就是满足他们的物质需要，只要给父母好吃的好穿的，自然就万事大吉，认为已尽孝了。然而老人在日常生活中并不开心，甚至郁郁寡欢，暗自垂泪，这主要是因为子女忽视了对老人的精神赡养。

所谓精神赡养，一般指在家庭生活中，赡养人理解、尊重、关心、体贴老年人的精神生活，在精神上给予其慰藉，满足其精神生活需要，使其愉悦、开心。精神赡养包含两层意思：第一，赡养人要给予被赡养人精神上的慰藉；第二，被赡养人能从赡养人那里获得精神上的愉悦。由此可见，精神赡养的关键是用心，就是用真心爱父母，用诚心敬父母，用孝心事父母，让父母晚年开心，让自己终身无憾。

当前随着物质生活水平的不断提高，大多数老年人并无衣食之忧，也没有从事重体力劳动之必要，他们需要的恰恰是儿孙绕膝的天伦之乐，需要的是看看儿女的笑容，听听孩子的声音，空闲时间有子女陪着自己出去走走看看，心中的愉悦自会溢于言表。这正如多年前风靡全国的《常回家看看》唱的那样：老人不图儿女为家做多大贡献，一辈子不容易，就图个团团圆圆……尤其是逢年过节，子女的贵重礼物，总抵不过陪老人拉拉

家常的温暖;老人过生日时精美的蛋糕,也抵不过共进晚餐的温馨。很多时候老人缺少的不是物质,而是子女适时的陪伴与理解。因此,在家庭中我们作为子女,既得做到"孝",还要做到"顺",来报答父母的养育之恩。顺,从字面意思上讲,就是顺从老人的意愿,或者说话做事尽可能顺着老人的心,让他们保持心情上的舒畅,而不是在给老人足够的物质孝敬时,再惹他们生气。虽然老年人权益保障法规定,赡养人应当经常看望或者问候老年人,但要真的到了对簿公堂的那一天,恐怕血缘亲情也实实在在地荡然无存了。

据预测,到2020年中国老年人口将增加到2.6亿,到2050年,将达到4.4亿左右。随着物质生活水平的不断提高和老龄化人口的不断增长,"精神赡养"越来越被人们所重视。因此,我们在孝敬老人物质的同时,也要给予老人相应的精神赡养,需要给老人多一些陪伴,多一些言语上的沟通,让老人心情舒畅。或许100人有100种孝顺的办法,但让父母开心快乐才是检验你是否真孝顺的标准。

无论手头工作多忙,别忘了腾出一点时间给父母,给他们更多的精神慰藉,让自己做到且孝且顺且珍惜。

——海崖文学网,2018年3月31日